너무 신경 썼더니 지친다

"Ki ga Tsukisugite Tsukareru" ga Odorokuhodo Nakunaru "Sensaisan" no Hon

Copyright © 2018 Yuki Takeda
Korean translation rights arranged with ASUKASHINSHA CO.
through Japan UNI Agency, Inc., Tokyo and Imprima Korea Agency, Seoul

너무
신경 썼더니
지 친 다

다케다 유키 지음 | 전경아 옮김

도서출판

머리말

이 책은 '섬세하여 스트레스를 잘 받는 사람이 섬세한 감성을 소중히 여기면서도 편하게 사는 방법'을 쓴 책입니다.

"그런 게 정말로 가능할까?"

그렇게 생각하는 것도 무리는 아닙니다. 섬세한 감성으로 수많은 것을 느끼느라 지쳐버린 사람이라면 그 섬세함을 소중히 여길수록 더욱 지칠 테니까요.

그래도 한 번 생각해봅시다. 친구와 가족, 직장 동료가

"그렇게 신경 쓰지 않아도 되잖아?"

"좀 둔감해질 필요가 있어!"

라고 말해도 "신경 쓰지 말라니, 대체 어떻게 하면 되는데?"라는

생각만 들 뿐 별 도움은 안 됩니다.

그도 그럴 게 섬세한 사람이 지닌 '섬세함'은 성격상 극복해야 할 과제가 아니라 타고난 기질인 경우가 대부분이기 때문입니다.

키가 큰 사람이 신장을 줄일 수 없는 것처럼 섬세한 사람이 '둔감해지고' '눈치를 못 채기'란 불가능합니다. 오히려 둔감해지려고 노력하는 것 자체가 자기 자신을 부정하는 행위여서 자신감과 살아갈 힘을 잃게 됩니다.

이 책에서 전하는 '섬세한 상태에서 살아가는 방식'은 '둔감해지고' '마음을 튼튼하게 만들어주는' 것과는 정반대의 문제해결 방식입니다.

섬세한 사람이 편안한 마음으로 기운차게 살아가려면 오히려 섬세한 감성을 소중히 해야 합니다.

그렇게 단언할 수 있는 근거가 무엇이냐고요? 저 역시 섬세한 사람으로 자신의 성향을 진지하게 마주해온 경험이 있기 때문입니다. 저는 이런 경험을 바탕으로 '섬세한 성격 탓에 수많은 일을 겪었던' 상담자들을 만나 활력을 되찾아주었습니다.

제가 섬세한 사람의 마음 구조를 연구하기 시작한 계기는 어느 날 회사에서 스트레스가 쌓인 나머지 휴직을 신청하고 나서였습니다. 이전에는 그렇게 감정에 휘둘려서 종종 기진맥진하곤 했던 내가 쉬면서 천천히 자신의 섬세함을 직시하고 장점으로 살리기 시작하자

인생이 크게 달라졌습니다.

인간관계가 편안해지고 이후 업무를 할 때도 어깨의 힘을 빼고 어디에도 얽매이지 않고 일할 수 있게 된 것입니다.

지금은 섬세한 사람을 위한 카운슬러로서 '섬세한 성격 때문에 힘든 사람', '사람들과 함께 있어도 즐기지 못하는 사람', '자신에게 맞는 일을 찾는 사람'들을 대상으로 카운슬링을 하고 있습니다.

내가 여태까지 상담해온 섬세한 사람들은 '주변 사람은 별로 신경 쓰지 않는 일들이 신경 쓰여서 못 배긴다'라고 호소했습니다.

"농담 섞인 사소한 한 마디를 흘려 넘기지 못하고 마음에 담아둡니다."

"직장에서 심기가 불편한 사람이 있으면 신경이 쓰여서 일이 손에 잡히지 않아요."

"집 밖에 있는 자동판매기 소리가 거슬립니다."

"상대의 기분을 신경 쓰느라 자신의 의견을 말하지 못해요."

"업무 시간 내에 충분히 끝낼 수 있는 간단한 일조차 하다 보면 금세 지쳐버려요. 혼자서 척척 할 수 있는 일이 있기는 한 걸까요?"

"앞으로 어떻게 살아가면 좋을까요?"

이렇듯 인간관계부터 라이프스타일까지 상담 내용은 천차만별입니다.

제가 실제로 카운슬링을 했던 섬세한 사람은 육백 명 이상이고, 행사장 등에서 만났던 사람들은 더 많아서 천 명이 넘습니다. 이렇게 섬세한 사람들만 전문적으로 상담해온 카운슬러는 일본에서도 극히 드뭅니다.

'섬세함을 소중히 여기며 살아가자'라는 내 카운슬링을 받은 내담자들은 인간관계와 업무에서 신경을 소모하는 일이 줄어들면서 점점 활력을 찾게 되어 다음과 같이 이야기했습니다.

"친구와 함께 있는 시간을 즐길 수 있게 되었습니다."

"부모님에게 속마음을 털어놓았더니 이후로 쭉 저를 응원해줍니다."

"동료들과 같이 직장에서 마음 편하게 일할 수 있게 되었습니다. 전보다 바쁘지만 일하는 게 즐겁습니다!"

섬세한 성격이 어떤 건지 확실히 알면, 자신을 소중히 여기고 인간관계도 가족관계도 일도 술술 풀리게 됩니다.

'섬세한 사람'이란 구체적으로 어떤 사람을 가리키는 걸까요?

미국의 심리학자 일레인 아론Elaine N. Aron 박사가 제창한 HSP(Highly Sensitive Person)가 기본 개념입니다.

최근 일본에도 이 개념이 퍼지면서 '너무 민감한 사람', '굉장히 민감한 사람' 등으로 번역되었고 관련 서적도 여러 차례 나왔습니다. HSP라는 용어 자체도 정착된 듯합니다.

이 책에서는 내가 카운슬링을 하며 만났던 HSP들을 가리켜 '섬세한 사람'이라고 부르겠습니다.

저는 이 호명에 큰 의미가 있다고 생각합니다. 저 자신도 HSP라서 '극도로 민감한 사람'으로 불리는 게 솔직히 기분 좋지만은 않았습니다. 내 카운슬링의 출발점은 섬세함을 극복해야 할 과제가 아닌 장점으로 보는 것입니다. 따라서 이 책에서는 '섬세한 사람'이라고(그리고 섬세하지 않으면 '섬세하지 않은 사람'이라고) 부르려 합니다.

자, 이 책에서 섬세한 여러분에게 전하고자 하는 것은 상담 중에 발견하게된 '섬세한 사람이 씩씩하게 살아가는 기술'입니다. 글자 그대로 '기술'이라고 할 만한 내용이지요.

'섬세한 사람이 힘차게 사는 기술'은 섬세한 사람이 선천적으로 타고난 장점을 살린, 섬세한 이들이 행복하게 살기 위한 기술입니다. 기술이라서 누구나 연습하면 능숙해질 수 있습니다.

HSP에 관해서는 지금까지 여러 의사와 학자들이 집필한 책이 시중에 나와 있으나(물론 나 역시 그 책을 읽고 도움을 받았으며 크게 참고한 부분도 있습니다), 이 책에서 알려드리는 방법은 지금까지 나온 책과는 시점과 접근방식 면에서 다르다고 자부합니다.

이 책에는 섬세한 성격의 소유자인 나 자신의 경험을 바탕으로 쓴 효과적인 노하우가 가득 담겨있으니까요.

거듭 말하지만 나 역시 섬세한 편입니다. 그래서 섬세한 친구들 특유의 고민과 미세한 마음의 움직임을 피부에 닿듯이 실감하고 있습니다. 또 실제로 제조업체에서 근무해봤기 때문에 직장에서 섬세한 친구들이 어떤 상황에 부닥치는지 누구보다 잘 이해하고 있습니다.

이 책은 섬세한 카운슬러가 쓴 섬세한 이들을 위한, 실제로 효과적인 노하우를 가득 담은 실용서입니다.

다만 섬세함에도 개인차가 있어서 이 책에 쓰인 내용이 전부 본인에게 해당하지는 않을 것입니다. 부디 "이건 바로 할 수 있겠다", "이건 해보고 싶어"라고 생각되는 내용부터 실천해보기를 바랍니다.

섬세한 친구들이 이 책을 읽고 조금 더 미래에 대해 안심하고 있는 그대로의 모습으로 살아갈 수 있다는 기대를 하게 된다면 정말로 기쁠 것입니다.

차례

머리말   4

 1장 섬세한 이들이
            편안해질 수 있는 기본 법칙

이런 당신은 '섬세한 사람'   17

'사람들과 있으면 이내 지치는' 이유는 무엇인가?   30

나는 지나치게 섬세한가?   34

타인의 기분에 좌우된다   41

섬세한 사람은 있는 그대로의 모습으로 활력 있게 살 수 있다   49

칼럼 • 섬세한 사람의 스토리 1

자신을 바꾸기보다 자신에게 맞는 걸 찾는 삶으로   52

2장 매일의 스트레스를 막는 간단한 기술

'자극'으로부터 자신을 보호하는 방법　57

오감별! 자극 예방 방법　61

오감별! 회복을 앞당기는 케어 방법　70

쉬고 싶으면 쉬어도 괜찮다?　78

칼럼 • 섬세한 사람의 스토리 2

자신에게 맞는 환경에 있어야 힘을 발휘한다　81

3장 인간관계가 편해지는 기술

섬세한 사람이 잘 빠지는 '최대의 함정'은?　85

자신감을 낼수록 나에게 맞는사람이 모이고 편안해진다　90

'배려가 부족한 사람'에게 휘둘리지 않는 방법　94

'싫다'라는 중요한 센서 다른 사람을 싫어해보자　98

상대의 기분을 얼마만큼 알 수 있을까?　104

상대와 선을 긋고 자신의 페이스를 지킨다　108

다른 사람에게 부탁하는 연습　114

'도와주었는데 아무런 보상을 받지 못했다'고 생각이 들면   119

마음의 깊이에는 개인차가 있다   125

'섬세한 친구'를 발견하는 방법   127

'섬세한 사람과 섬세하지 않은 사람' 파트너십을 맺는 비결   133

'섬세한 사람과 섬세한 사람' 파트너십을 맺는 비결   138

자신이 있을 곳을 자기 안에 만든다   144

칼럼 • 섬세한 사람의 스토리 3

자신의 감각을 긍정하고 공감해주는 사람들과 연결된다   146

4장 어깨의 힘을 빼고 느긋하고 맘 편하게 일하는 기술

섬세한 사람이 일로 소모하는 것은 몸보다는 '머리'   151

멀티태스킹이 가능한 심플한 습관   153

'섬세한 사람은 일을 느리게 한다'고 하는데 사실일까?   157

늘 나만 바쁜 것 같은 상황에서 탈출하려면   162

'알아차리지 못하는 그 사람'을 흉내 내보자   165

본인이 생각하기에 '좋은 일'을 업으로 삼는다   170

심기가 불편한 사람을 대처하는 방법 - 타인의 감정은 그냥 내버려둔다   173

'열심히 노력해도 자신감을 얻지 못할' 때의 체크포인트　176

자신의 장기를 살리면서 행복하게 할 수 있는 일(능력이나 성격에 맞는 직업)　182

전력으로 도망쳐야 할 때가 있다　186

칼럼 • 섬세한 사람의 스토리 4

주변에 고민을 털어놓아 일하기 편한 환경을 만든다　189

5장　섬세함을 살리는 기술

내가 '섬세함'과 사이좋게 지내게 되기까지　193

섬세한 사람에게 공통된 '5가지 힘'　198

자신의 본심을 소중히 하면 점점 더 활력이 생겨난다　208

자신의 본심을 아는 3가지 방법　211

하고 싶은 일을 매일 소소하게 이루어 본다　217

칼럼 • 섬세한 사람의 스토리 5

본심을 파악하고 활력을 되찾는다　219

맺음말　222

역자 후기　225

1장

•

섬세한
이들이
편안해질 수
있는
기본 법칙

이런 당신은 '섬세한 사람'

"직장에서 심기가 불편한 사람이 있으면 신경이 쓰여요."

"사람들과 장시간 함께 있으면 지쳐버려요."

"작은 실수라도 알게 되면 일하는 데 시간이 걸립니다."

이런 적이 있지 않나요?

주변에 상담을 해봐도 "신경 쓰지 않아도 되지 않아?"라고 반응하거나, "왜 그렇게 걱정을 해?"라고 신기한 듯이 쳐다봅니다.

하지만 여러분은 진작 눈치챘습니다.

상대의 별거 아닌 몸짓과 표정에서. 떠도는 공기의 냄새에서. 에어컨의 들릴 듯 말 듯한 소리에서. 일의 개선점을 읊는 상사의 아무렇지도 않은 말투에서.

섬세한 이들은 상대의 감정과 그 자리의 분위기는 물론 빛과 소리까지, 주변 사람이 알아차리지 못하는 작은 변화를 감지합니다.

하지만 이렇게 섬세한 사람의 '잘 느끼는' 성질은 오랫동안 '너무 신경 쓴다', '너무 진지하다'라며 개인의 '성격' 문제로 오해받아 왔습니다.

그런데 일레인 아론 박사가 이에 대해 조사하면서 다섯 명 중의 한 명꼴로 '선천적으로 타고나기를 섬세한 사람'이 존재한다는 사실이 밝혀졌습니다. 즉 섬세함은 환경에 의한 후천적인 것이 아니라 선천적으로 타고난 기질이며, 선천적으로 키 큰 사람이 있는 것처럼 선천적으로 섬세한 사람이 있다는 것입니다.

주변 사람이 알아차리지 못한 것을 눈치챈다. 이런 섬세함은 성격의 문제가 아니라 그저 타고난 기질에 불과하다는 말이죠.

먼저 이 기질에 관한 아론 박사의 이론과 다른 연구를 내 나름의 해석을 더하여 소개합니다.

섬세한 사람은 뇌 신경 시스템이 자극에 민감하게 반응한다

섬세한 사람과 섬세하지 않은 사람은 대체 무엇이 다른 것일까요? 빛과 소리 등의 자극을 받았을 때, 얼마나 신경 시스템이 흥분하느냐는 사람에 따라 차이가 납니다.

아론 박사에 따르면 섬세한 사람과 섬세하지 않은 사람은 뇌의 신경 시스템에 차이가 있다고 합니다.

또 하버드 대학의 심리학자 제롬 케이건Jerome Kagan의 조사에 따르면 섬세한 사람은 갓난아기 시절부터 자극에 민감하게 반응합니다. 같은 자극을 받아도 섬세한 갓난아기는 손발을 크게 움직이고 도망치려는 듯이 등을 젖히고 우는 등 자극에 예민하게 반응한다고 합니다. 같은 스트레스에 노출되었을 때, 신경의 흥분과 관련된 물질인 뇌내의 노르에피네프린을 비롯하여 신경이 흥분하거나 경계할 때 분비되는 호르몬인 코르티솔도 다른 아이보다 많이 나온다고 합니다.

인간만이 아니라 쥐, 고양이, 개, 말, 원숭이 그리고 인류까지, 어느 고등동물이나 자극에 대한 반응의 강도에는 차이가 납니다. 어떤 종이든 자극에 '더 민감하게 반응하는 개체'의 비율은 비슷해서 전체의 15~20퍼센트라고 합니다. 어쩌면 전체의 종이 잘 살아남기 위해서 일부 더욱 신중한 개체가 태어나는 것이 아닐까 싶기도 합니다.

이렇듯 다른 사람이 알아차리지 못하는 사소한 일들을 알아채는 신경 시스템을 가진 섬세한 사람은 직장에서는 다음과 같이 느낍니다.

"상사의 심기가 불편하면 나도 모르게 긴장하게 돼."

"사람들이 일을 엉망으로 하는 것 같아. 여기도 저기도 고쳐보는 편이 좋을 텐데……."

섬세한 사람은 그런 사소한 일들을 자연스럽게 알아차립니다. 그런데 막상 이야기를 꺼내면 주변에서 "그런 별것도 아닌 일을 말해서 어쩌라고", "지나치게 신경 쓰는 거 아니야?"라고 반응합니다. 섬세한 사람은 너무 예민한 것 같다고 생각하는 상대의 분위기를 감지하고 "이런 일에 신경 쓰는 내가 이상한가?"라고 자신의 감각을 의심하기 시작합니다. 그렇게 점점 자신감을 잃게 되는 것이지요.

섬세한 사람에게 필요한 것은 '신경 쓰지 말라'는 말이 아니라 알아차린 문제에 어떻게 대처하면 좋을지 구체적인 대처법이라고 할 수 있습니다.

섬세한 사람에게 섬세함은 '삶의 기본'

섬세한 사람의 특징은 '감지하는 능력이 특출하다'는 한 마디로 집약할 수 있습니다.

감지하는 대상은 다양합니다. 사람의 감정, 자리의 분위기와 같은 인간관계에 관한 것에서부터 빛과 소리, 기온 등의 환경 변화까지 '자신의 외부에 있는 것'과 몸 상태, 자기 자신의 기분, 새롭게 떠올린 아이디어처럼 '자신의 내부에서 일어난 것'도 예민하게 감지해냅니다.

같은 섬세한 사람이라도 느끼는 대상과 강도는 천차만별입니다. 처음 만난 상대라도 말의 뉘앙스나 목소리 톤에서 '이 사람은 아주 좋은 사람이구나!'라고 인간 됨됨이를 읽어내는 섬세한 사람도 있는가 하면, 인간관계보다 소리에 민감하여 카페에 들어서면 스피커의 위치를 확인하고 음악이 너무 크게 들리지 않는 자리를 고르는 등 청각이 예민한 사람도 있습니다.

여하튼 섬세한 사람에게 섬세함은 인간관계는 물론, 일과 심신의 상태 등에 있어 삶의 기본이 된다고 할 수 있습니다.

'느끼는 힘'이 가져다주는 좋은 점과 나쁜 점

여기에서 잠깐 어느 섬세한 친구의 하루를 살펴보겠습니다.

어느 섬세한 친구의 하루

　느끼는 힘이 나쁘게 발현되면서 매일 녹초가 됩니다.

　하지만 섬세한 친구에게는 그에 못지않게 '좋은 점'도 많습니다.

섬세한 친구의 활력이 넘치는 하루도 살펴봅시다.

섬세한 친구의 활력이 넘치는 하루

　내 주변에 있는 '좋은 면'을 느끼고 깊이 음미합니다. 주변에 있는 온갖 것들과 사람들에게 기쁨을 느끼고 몸도 마음도 살찌우는 것입니다. 이것이 섬세한 친구의 '느끼는 힘'이 가져다주는 '좋은 점'입니다.

　"미소와 친절? 고작 그런 거에 기뻐하다니, 당연한 거 아니야?"라고 말하는 사람도 있을지 모릅니다.

　하지만 섬세한 감각을 통해 수많은 기쁨을 느끼고 그 속에서 여러분이 살아 있다는 걸 잊지 않기를 바랍니다.

　이 책의 목표는 '섬세해서 고달팠던' 사람이 '섬세해서 활력이 넘치는' 사람으로 변신하는 것입니다.

섬세한 사람의 마음의 구조

심세한 사람의 감각과 마음은 어떻게 이루어져 있을까요?

다음 그림을 상상하면 쉽게 이해할 수 있을 겁니다.

섬세한 감각이 섬모처럼 자라나 상대의 감정에서부터 소리, 빛까지 다양한 사물들을 감지합니다.

감지한 것들이 몸과 마음에 닿으면 마음속 깊숙이 스며듭니다.

다양한 것들을 느끼고 크게 감동받으면 깊은 곳에서 따뜻한 기운이 올라오고 '강하고 깊은 감정'이 일어납니다.

이렇게 내게 좋은 감정을 느끼게 하는 것도 아프고 괴로운 감정을 느끼게 하는 것도 똑같이 섬세한 감정입니다.

추위, 더위 중 한쪽만을 느낄 수 없듯이 섬세한 사람들도 좋은 감정만을 느끼며 살 수는 없습니다. 고통스런 감각이든 기분 좋은 감각이든 일단 접하게 되면 반사적으로 감지하게 되는 것입니다.

섬세한 사람은 '고통·괴로운 감정'까지도 빠짐없이 느낀다

"그렇다면 좋은 감정도 고통스런 감정도 반반으로 느껴야 하잖아요? 그런데 전 누군가가 내는 짜증이나 시끄러운 소리같이 힘든 것

만 느끼는 통에 금세 지쳐버려요……."

 그렇게 생각하는 사람도 있을지 모릅니다.

 고통, 괴로움, 피로와 같은 부정적 감각은 생물에게 위험을 알리는 중요한 신호입니다. 따라서 고통스런 감정과 기분 좋은 감정을 동시에 느끼게 되면, 위험을 피하기 위해 고통스런 감정에 의식이 모이게 됩니다.

 숲을 걷고 있다고 상상해보세요. 발밑에 꽃이 피어있다 한들, 삐죽 튀어나온 나뭇가지가 몸 여기저기를 찌르면 꽃의 아름다움을 즐길 경황이 없습니다. 다시 말해, 고통과 스트레스가 많은 상황에서는 주변에 '좋은 것'이 있어도 느끼기 어려운 법이지요.

 따라서 좋은 감정을 느끼면서 활력 넘치게 살려면 무엇보다 자신이 가야 할 길을 스스로 선택하는 것이 정말로 중요합니다. 직장이나 일, 휴일을 함께 보낼 사람, 휴일에 머무를 장소와 같은 '환경'을 스스로 선택해야 한다는 말입니다.

 섬세한 이에게는 무엇이 필요할까요? 고통과 스트레스를 견뎌내는 사람으로 새로 태어나는 것? 아무렇지도 않은 척하는 것? 아닙니다.

 섬세한 감각을 기준으로 자신에게 좋은 것, 나쁜 것을 구분하고 자신에게 맞는 인간관계와 직장환경에서 지내는 것입니다.

 "나는 이게 좋아." "이렇게 하고 싶어." 이러한 자신의 진심을 얼마나 소중히 하느냐가 섬세한 사람의 행복을 가르는 승부처인 셈입니다.

섬세한 사람은 어느 길(=환경)을 선택하느냐가 중요

섬세한 사람 진단 테스트

그러면, 어떤 사람이 섬세한 사람에 해당할까요?

다음은 아론 박사가 작성한 HSP 자기 테스트입니다.

다음 질문에 느낀 대로 대답해주세요. 조금이라도 해당한다면 '네', 전혀 해당하지 않으면 '아니요'라고 대답해주세요.

- 환경의 미묘한 변화를 잘 감지하는 편이다.
- 타인의 기분에 죄우된다.
- 고통에 아주 민감하다.
- 바쁜 나날이 계속되면 침대나 어두운 방과 같이 사생활 보호가 되고 자극을 피할 수 있는 장소에 틀어박혀 지내고 싶다.
- 카페인에 민감하게 반응한다.
- 환한 빛과 자극적인 냄새, 까슬까슬한 천, 사이렌 소리 등에 쉬이 압도된다.
- 단기간에 많은 일이 몰리게 되면 어찌할 바를 몰라 혼란에 빠진다.
- 상상력이 풍부하여 툭하면 몽상에 잠긴다.
- 소음을 유독 견디지 못한다.
- 미술이나 음악에 깊이 동화되는 편이다.
- 굉장히 양심적이다.
- 별거 아닌 일에도 자주 깜짝 놀란다(소스라치게 놀란다).
- 너무 많은 일이 자기 주변에서 일어나면 마음이 불편해지고 신경이 날카로워진다.
- 어떤 사람이 불쾌함을 느낄 때, 어떻게 하면 쾌적함을 느낄지 단박에 알아차린다(가령 불빛의 세기를 조절하거나 자리를 바꿔주는 등).
- 실수하거나 깜빡 잊어버리지 않게 늘 조심한다.
- 폭력적인 영화나 텔레비전 방송은 보지 않는다.
- 배가 고프면 집중력이 떨어지고 기분이 나빠지는 등 강한 반응을 일으

킨다.

- 한꺼번에 많은 일이 들어오면 숨이 막힌다.

- 생활에 변화가 일어나면 어쩔 줄을 모른다.

- 섬세한 향이나 냄새, 소리, 음악을 좋아한다.

- 평소에 동요할 만한 상황은 피하는 걸 최우선으로 생각한다.

- 일을 할 때, 누군가와 경쟁하거나 누가 지켜보고 있으면 긴장해서 평소의 실력을 발휘하지 못한다.

- 어린 시절, 부모와 교사에게 '민감하다'거나 '소극적이다'라는 소리를 들었다.

출전:《타인보다 더 민감한 사람 : 내 안의 잠재력을 깨우는 자기 발견의 심리학(The Highly Sensitive Person : How to Thrive When the World Overwhelms You)》(일레인 N. 아론 지음, 노혜숙 옮김, 웅진지식하우스)

이상의 질문 중 12개 이상을 '네'라고 대답한 사람은 아마 HSP일 것입니다. 하지만 어떤 심리테스트도 실제 생활 속에서의 경험보다 정확하지는 않습니다. 설령 '네'가 하나둘밖에 없다고 해도 그 강도가 극단적으로 강하면 HSP일 수도 있습니다.

'사람들과 있으면 이내 지치는'
이유는 무엇인가?

지금까지 세심한 사람의 특징에 대해 설명했습니다. 그렇다면 실제로 세심한 사람은 어떤 고민을 할까요? 대표적인 예를 소개하겠습니다.

누가 뭐라 해도 가장 많은 고민은 '사람들과 있으면 이내 지친다'는 겁니다.

제조업체에서 사무직으로 일하고 있는 회사원 N 씨(20대 여성). 직장 동료와 상사가 '모두가 좋은 사람들'이라고는 하지만 온종일 사무실에 있으면 이내 지친다고 합니다.

사무실 한구석에선 상사가 후배에게 주의를 주고 있고, 옆자리에서는 선배가 컴퓨터 화면을 보며 있는 대로 인상을 쓰고 있고…….

"보려고 해서 본 게 아니에요. 하지만 보이는 걸요……. 아침에 직장에 도착한 순간에 느껴지는 공기감이랄까. 아아, 다들 피곤해서 힘이 없나 보구나, 오늘은 기분이 별로인가 보구나. 누군가의 기분이 안 좋아 보이면 말을 걸 타이밍을 엿보다 어느새 저까지 기분이 우울해져요."

의식하지 않아도 동료의 감정과 자리의 분위기를 느끼게 된다는 N 씨. 사람들과 일대일로 차분히 대화를 나누는 건 좋아하지만 직장의 회식처럼 많은 사람들이 한껏 흥을 내며 즐기는 자리는 영 불편합니다.

앞사람의 접시가 비어 있으면 음식을 더 권하고, 대화에 끼지 못해서 혼자 붕 떠 있는 사람에게는 한 마디라도 더 말을 걸어주고, 관심이 없는 화제에도 손뼉을 치며 맞장구를 쳐줍니다. 이렇게 모두가 즐길 수 있게 배려하느라 정작 본인은 회식하는 내내 긴장을 한 채로 지내게 되고…….

즐기는 척하지만 '빨리 끝났으면' 하고 바라며, 화장실에 가서 혼자가 되면 그제야 마음이 놓인다고 합니다.

하지만 이런 세심한 사람이라고 해서 결코 사람을 싫어하는 것은 아닙니다. 마음을 터놓을 수 있는 상대와 깊은 대화를 나누기 좋아하고 가족을 소중히 여기는 등 사람 자체는 좋아합니다.

사람들과 함께 편안한 시간을 보내고 싶고 더 사이좋게 지내고 싶으면서도 한편으로는 오랜 시간 누군가와 또는 여럿이 한 공간에 있으면 이내 지쳐서 그 상황에서 벗어나 혼자가 되고 싶은 것입니다.

저마다 최적의 자극량이 있다

"다른 사람과 있으면 피곤하다."

많은 세심한 사람들이 이런 고민을 합니다. 여기에는 세심한 사람의 신경 시스템이 관계가 있습니다. 가령, 회식처럼 많은 사람이 커뮤니케이션을 하는 장소에서는 세심한 사람의 마음은 다음과 같이 쉬지 않고 돌아가게 됩니다.

- 그 자리의 분위기가 어두운가, 아니면 밝은가?
- 말소리가 방안에서만 울리는가, 아니면 밖으로 새어나가는가?
- 누가 진심으로 즐기고 누가 억지로 웃는가?
- 음식이 모두의 접시에 골고루 잘 나눠졌는가?
- 희미하게 들리는 에어컨 소리.

세심한 사람의 신경 시스템은 이런 사소한 것에 반응하도록 설계되어 있습니다. 남들보다도 더 확실히 느낄 뿐 아니라 무의식중에도 느끼게 되니 세심하지 않은 사람보다 더 많이 느끼고 더 빨리 지쳐버리는 것입니다.

다른 사람과 함께 있는 시간이 길어지면 힘든 이유는 그저 신경 시스템이 그렇게 만들어졌기 때문입니다. 느끼는 힘이 강하다 보니 쉬이 자극량이 허용량을 넘어서는 것입니다. 누구나 최적의 자극량이 있는데, 어떤 사람에게는 별것도 아닌 자극이 세심한 사람에겐 유독 강하게 느껴지는 것입니다.

표정, 몸짓, 목소리 톤, 이야기의 내용…… 인간은 정보로 똘똘 뭉쳐 있습니다. 배우자나 친구와 같이 아무리 친한 상대라도 쭉 같이 있으면 자극을 과하게 받아서 허용량을 훌쩍 넘기게 됩니다. 설상가상으로 신경을 써야 하는 장소나 불편한 상대와 한자리에 있기라도 하면, 머릿속으로 생각이 많아지고 긴장하여 더욱 자극 과다가 되어버리는 것입니다.

세심한 사람에게는 마음이 푹 쉴 수 있는 혼자만의 시간이 필요합니다.

마음껏 혼자만의 시간을 가지면서 과하게 받은 자극을 흘려보내면, 밝고 온화했던 본래 모습을 되찾을 수 있습니다. 혼자만의 시간을 충분히 확보하여 새로운 자극을 즐길 만한 여유를 가져야 다른 사람과 함께 있고 싶고, 누군가와 왁자지껄 떠들고 싶은 마음도 생기는 것입니다.

나는 지나치게 섬세한가?

"일할 때, 효율적으로 일해 달라, 속도를 올려달라는 요청을 받는데 도저히 할 수가 없습니다."

그렇게 말하는 20대 A 씨. A 씨는 프렌치 레스토랑에서 아르바이트를 합니다.

손님에게 "웃는 얼굴이 보기 좋아요"라고 칭찬을 받거나, 정중한 접객에 "고마워요"라는 인사를 받으면 기쁘다고 말하는 A 씨. 고객과 주고받은 따뜻한 대화에 보람을 느끼는 한편, 동료들이 일하는 모습을 보면 신경이 쓰여 견딜 수가 없다고 합니다.

"동료가 식기를 놓는 모습을 보면 조마조마해요. 그런 데다 물잔을 두면 손님의 팔꿈치에 닿아서 떨어질 텐데 싶어서요. 그 접시는 좀 더 오른쪽에 두는 게 나은데. 왜 다들 그렇게 일을 대충하는 건지 모르겠어요."

손님의 편의성과 안전성을 고려하여 식기를 하나하나 정성스레 놓다 보니 아무렇게나 턱턱 놓는 동료와 비교하여 일이 늦어져서 마음이 조급해진다고 말합니다.

"선배에게 고민을 털어놨지만 '그렇게 하나하나 정성 들이면 일이 언제 끝나?', '그렇게까지 열심히 하지 않아도 돼'라는 핀잔을 들었습니다. 하지만 도저히 동료들처럼 위험하게 식기를 놓을 수는 없습니다⋯⋯. 전 완벽주의일까요?"

'섬세한 사람'과 '완벽주의자'는 다르다

A 씨처럼 '아무 생각 없이 '대충' 일을 할 수는 없다'는 고민도 자주 듣습니다.

하지만 실은 섬세한 사람은 무슨 일을 하든 "완벽하게 해내고 싶다", "보이지 않는 곳까지 꼼꼼하게 해내지 않으면 성이 차지 않는다"라고 생각하는 것은 아닙니다.

고조되는 대화의 열기, 몸짓 손짓의 범위, 의자의 위치⋯⋯, 다른 사람들이 놓치고 지나가는 작은 정보 몇 개를 연결하여 '유리잔을 이 위치에 두면 지금은 괜찮아. 하지만 손님이 대화에 열중하게 되면 팔꿈치가 닿아 떨어질지도 몰라'라고 앞으로 일어날지도 모를 일들이 머릿속에서 자동으로 그려집니다.

따라서 미래를 선명하게 예상하는 섬세한 친구에게는 섬세하지 않은 친구의 잉싱한 일 저리가 마치 함정뿐인 초원을 진력 질주하는 아주 위험한 행위(!)로 보이는 것입니다.

느끼는 힘이 강하다 보니 미래에 일어날지도 모를 문제와 재작업해야 할 상황을 재빠르게 알아차리게 됩니다. 알아차렸으니 나설 수밖에요. 보통 사람들은 읽어내는 정보가 적기 때문에 섬세한 사람처럼 알아차리지 못합니다. 그래서 곁에서 보기에 '지나치게 세심하다', '너무 신경 쓴다'고 완벽주의로 보이는 것입니다.

섬세한 사람은 별거 아닌 일에도 주변 사람보다 더 열심히 임하는 경향이 있는 것은 확실합니다. 하지만 그건 완벽하게 해내고 싶어서가 아니라 그저 '눈에 띄었으니까 대응하는 것뿐', '문제가 생길지도 모르니 미리 방지하는 것뿐'이지 완벽주의와는 차이가 있습니다.

바로 행동에 나서지 않는 이유는 최선의 방법을
알고 있기 때문에

마찬가지로 "너무 생각이 많아서 행동으로 옮기지 못하겠어요"라고 말하는 섬세한 사람도 적지 않습니다.

이들이 행동으로 바로 옮기지 않는 이유는 '최선의 방법이 뭔지 아는' 상태이기 때문입니다.

섬세한 사람은 '이렇게 하면 저렇게 된다'라는 시뮬레이션을 하는 것이 장기입니다. '정신을 차려보면' 자신도 모르는 사이에 머릿속으로 시뮬레이션을 거듭하고 있는 겁니다. 덕분에 어떻게 하면 빠르고 간편하게 문제를 해결할 수 있는지, 자연스럽게 '최선의 방법'을 찾게 됩니다.

최선의 방법을 알게 되면 최선의 행동을 하고 싶어지는 것이 인간이라는 생물입니다.

하지만 최선의 방법에 따라 행동하려고 하면 그 순서가 복잡하고 뒤죽박죽 얽혀서 선뜻 나서게 되지 않습니다.

가령, 프레젠테이션 자료를 작성하는 경우. 만화를 통해 섬세한 사람과 섬세하지 않은 사람을 각각 비교해 봅시다.

섬세한 사람의 자료 작성하기

　이렇게 생각할 만큼 생각하고 움직인 결과, 다시 작성할 필요가 거의 없는 좋은 결과가 나오기도 합니다. 하지만 경우에 따라서는 생각하지 않고 행동해야 일이 쭉쭉 진행될 때도 있습니다.

　섬세하지 않은 사람이라면……．

섬세하지 않은 사람의 자료 작성하기

　이렇게 깊이 생각하지 않고 행동하면 다시 작성해야 하거나 작업이 늘어날 수는 있지만 생각하는 시간이 짧은 만큼 전체적으로 봤을 때 더 빨리 끝낼 수도 있습니다.

마법의 말은 '일단'

　"생각만 많고 행동을 하지 못해." "최선의 방법을 찾다가 아무것도 하지 못하게 되고 말았어.”

그렇게 깨달았을 때, ‘일단’을 도입하면 일상 업무외 생활이 훨씬 빨라집니다.

“방향성을 설명하고 나서 부탁하는 게 최선이지만 일단 데이터를 보여 달라고 하자.”

“그거 하고 나서 이걸 하는 게 좋겠지만 그건 지금 하지 못하니까…… 일단 이것부터 하자.”

처음에는 “사실 다른 방식으로 하는 편이 좋았는데!”라고 낙담할지도 모릅니다. 하지만 실제로 몇 번 해보면 “최선이 아니어도, 일이 굴러간다”는 걸 실감할 수 있습니다.

“고작 그것뿐이야?”라고 여길지도 모르겠지만 효과는 만점입니다. 일이 빨라질 뿐만 아니라 생각이 끊임없이 맴도느라 피곤해지는 일도 줄고 마음이 편해집니다.

너무 생각이 많아서 행동하지 못할 때, “최선은 나중에 생각하고 일단 하고 보자!”라고 외치면서 앞으로 척척 나아가 보세요.

타인의 기분에 좌우된다

"직장에 심기가 불편한 사람이 있으면 괜스레 신경이 쓰여요."

이렇게 말하는 이는 제조업체에서 카탈로그 제작을 담당하는 B 씨. 상사는 일을 잘하지만 변덕스러운 사람으로, B 씨는 아침에 그가 출근했을 때 하는 "안녕"이라는 인사 한 마디만 들어도 심기가 어떤지 알 수 있다고 합니다. 그 외에도 다른 부서의 실수를 B 씨에게 가져와서 짜증 섞인 말투로 지적하거나 컴퓨터 키보드를 거칠게 두드리거나……

"상사가 짜증을 내고 있으면 굉장히 신경이 쓰입니다. 말을 거는 타이밍에 주의하거나 되도록 자극하지 않으려고 말소리를 낮춰요. 내가 짜증나게 만든 것도 아닌데……"

상사의 기분을 신경 쓰지 않으려고 오로지 자신의 컴퓨터 화면에 의식을 집중히는 B 씨지만 그럴 때마다 에너지가 너무 많이 소모된다고 합니다.

화를 내는 사람을 보면 나 때문이 아닌 걸 알면서도 그 목소리 톤만으로 긴장하게 됩니다. 동료가 호되게 질책을 받을 때면 그 소리만으로 심장이 조이는 것 같습니다. 같은 부서에서 누군가가 주의를 받으면 자연히 그 소리가 귀에 들어옵니다. 이렇게 말하는 섬세한 사람이 많습니다.

상대의 감정을 알아차리는 것은 섬세한 사람에게 자연스러운 일

이번에는 '타자의 상황이나 감정을 눈치챈다', '그래서 휘둘린다'라는 고민에 대해 살펴보겠습니다.

'누군가의 심기가 불편하다는 걸 알아차리는' 건 섬세한 사람에게는 '책상에 놓인 컵이 보이는' 것처럼 자연스러운 일입니다.

"신경 쓰지 않아도 되는데"라는 말은 "컵이야 안 봐도 그만인데 왜 봤어?"라는 뜻입니다. 섬세한 사람은 주변에서 아무리 "안 봐도 돼"라고 말해 봤자 눈에 보이기 때문에 어떻게 하면 '컵만을 보지 않아도 되는지' 알지 못합니다.

섬세한 사람이 처한 상황은 "나도 신경 쓰고 싶지 않아. 하지만 알고 싶지 않아도 눈에 들어오고 듣고 싶지 않아도 자연히 들리는데 어떡하란 말이야"라고 할 수 있습니다.

'컵을 보지 않고 지나가기'란 불가능하다

눈앞에 있는 컵을 안 보기 어렵듯이 누군가의 기분을 알아차리지 못하기(알아차리지 못한 척이 아니라 처음부터 알아차리지 못하는 것)란 섬세한 사람에게는 불가능합니다.

한편, 섬세하지 않은 사람은 원래 사소한 일을 알아차리는 신경 시스템이 없습니다. 갖고 있지 않으니 알아차리지 못하고 설령 알아차린다고 해도 "그래서 뭐 어쩌라고?"라며 가볍게 흘려버리는 것입니다.

"신경 쓰지 않아도 되지 않아?"라고 말하는 사람은 나쁜 뜻으로 그렇게 말하는 게 아닙니다. 그저 알아차리는 감각이 없어서 섬세한 사람의 감각을 이해하지 못하는 것뿐입니다.

섬세한 사람이 배워야 하는 것은 알면서도 알지 못하는 듯이 행동하는 사람이 되는 방법이 아니라 '알아차린 것에 대한 대처 방식'인 셈입니다(구체적인 대처법은 제3장·제4장에서 알려드립니다).

타인을 우선하는 이유는 뭘까?

"나도 모르게 상대방을 우선하고 내 일은 뒷전으로 미루게 됩니다."

이 또한 상대방의 상황과 감정을 알아차려서 일어나는 일입니다.

친구와 만나도 친구가 말을 시작하면 들어주느라 바빠서 정작 자기 얘기는 거의 하지 못합니다.

전철을 탈 때도 가끔 몸이 좋지 않아서 앉고 싶지만 더 힘들어 보이는 사람이 타는 걸 보고 자리를 양보합니다.

힘들게 일하는 동료를 도와줬더니 어느새 힘든 일이 자신에게 몰렸습니다.

이렇게 "자기보다 타인을 우선한다"라는 섬세한 사람을 수도 없이 만났습니다. 왜 그러는지 그 원인은 여태까지 했던 이야기와 다르지 않습니다.

섬세한 사람은 상대방의 별거 아닌 몸짓과 말의 뉘앙스, 목소리 톤을 읽고 상대가 무엇을 바라는지, 어떻게 하고 싶은지를 알아차립니다. 상대가 바라는 건 "이야기를 들어줬으면 좋겠다", "앉고 싶다"와 같이 아주 사소한 것들이라서 '그 정도라면' 하고 들어주고 싶어집니다.

단, 섬세한 사람은 섬세하지 않은 사람보다 훨씬 많은 걸 알아차립니다. 그러다 보니 상대방에게 양보하는 횟수도 늘어서 자꾸만 자신을 뒷전으로 미루게 됩니다.

섬세한 사람이 활력 있게 살려면 자신의 바람을 더 소중히 하고 '이렇게 멋대로 해도 될까?' 싶을 정도로 자기 자신을 우선해서 생각해야 합니다.

다음은 '눈치가 너무 빨라서 남을 우선하고 자신을 뒤로 미루는' 이런 기질이 다른 형태로 드러나는 예입니다.

'자신의 의견이 없다', '중심이 없다'는 착각

"상사가 내게 '자네는 어떻게 생각해?'라고 물으면 머리가 새하얘집니다. 저는 제 의견이 없어요."

그렇게 말하는 회사원 C 씨. 직장에서 상사가 내게 의견을 물어도 바로 말이 나오지 않는다고 합니다.

"나는 내 의견이 없어요."

그렇게 말하는 섬세한 사람을 수도 없이 만났습니다.

하지만 정말로 자신의 의견이 없는 것일까요?

아니요, 그렇지 않습니다.

대개의 경우, '자신의 의견이 없다'는 건 착각입니다. '의견은 있지만 상대방의 희망에 맞춰야 한다고 생각한 나머지 말하지 못하는' 것뿐입니다.

글 첫머리에 나오는 C 씨는 사이가 좋은 친구나 가족과 같이 안심할 수 있는 상대와 있으면 "그건 아니지 않아?", "이렇게 하면 좋을 것 같아" 등등 하고픈 말이 자유롭게 떠오른다고 합니다. 물론 생각난 걸 전부 말하지는 않지만 자신의 의견은 분명히 갖고 있습니다.

하지만 상사나 불편한 사람이 의견을 구하면 그들이 바라는 정답을 요점만 알기 쉽게 말하게 된다고 합니다. 그들이 겉으로는 어떻게 생각하느냐고 물어도 사실은 내 의견을 듣고 싶어 하는 게 아니라 동의를 구한다는 걸 알기 때문입니다. 섬세한 사람은 상대의 입 모양과 말의 강약에서 그들이 바라는 정답이 있다고 느낍니다.

또한 상사가 다른 부하직원과 대화를 나누는 모습이나 평소에 쓰는 말을 보고 "이 사람은 요점만 말해주기를 바라는 사람이구나", "한 번에 정답을 말해주지 않으면 짜증 난 표정이 되는구나" 하고 상대의 경향을 파악합니다.

자기 안에도 분명히 "이렇게 하면 좋을 텐데", "이럴 때는 A가 좋고, 상황이 달라지면 B가 좋은데"라는 다양한 의견이 있습니다. 하지만 상사가 바라는 대답을, 상사가 좋아하는 취향대로, 그것도 제한된 시간 내에 말하지 않으면 안 된다고 생각하면 말이 쉽게 나오지 않는 것입니다.

그건 마치 다양한 장난감이 들어있는 투명한 공(=의견)으로 가득찬 캡슐완구에서 억지로 '정답'이라고 생각하는 공만을 꺼내려는 것과 같습니다. 상대방의 '정답'이라고 생각되는 공을 꺼내려고 하지만 다른 의견이 쓰인 공에 막혀 버리듯이, 말문이 막혀 '의견이 없는' 것처럼 보이는 것입니다.

"나는 내 의견이 없어"라고 생각한다면, 먼저 마음이 편안해지는 장소를 골라 혼자서 마음껏 떠오르는 생각을 하나하나 종이에 적어보세요.

혹은 가족과 친구 등에게 "상사에게 이런 말을 들었는데요"라고 말해보세요. 함께 있으면 마음이 편안해지는 상대와 대화를 나누다 보면 의견이 술술 나오는 경우도 적지 않습니다.

정답을 찾느라 의견을 말하지 못한다

먼저 '나에게도 의견이 있다'는 걸 깨달을 것. 그리고 "상대가 원하는 백 퍼센트 정답이 아니어도 내 의견을 전해보자"고 편안하게 마음을 먹을 것. 그러면 상대에게도 조금씩 내 의견을 전할 수 있을 것입니다.

섬세한 사람은 있는 그대로의 모습으로 활력 있게 살 수 있다

섬세한 사람이란 무엇인가의 정의와 구조를 소개했는데 어땠나요?

약점으로 보이는 것도 실은 세심한 감성의 반작용이라는 사실을 이해했나요? 그것만으로도 큰 진보인 셈입니다.

여기까지 살펴보았듯이 섬세한 사람에게는 다양한 고민이 있습니다. 그리고 그 고민에는 공통점이 있습니다.

상대의 감정이든 일의 개선점이든 '알아차린 것에 반자동적으로 대응하고 줏대 없이 휘둘린다'는 점입니다.

섬세한 사람이 활력이 넘치게 살기 위해서는 이 자동응답을 끊을 필요가 있습니다. 뭔가를 알아차려도 조금 참고 견디며 "나는 어떻게 하고 싶은 걸까?"를 먼저 질문해보고 대응을 결정합니다. 그리고 대응을 한다면 어떤 방법으로 대응을 할 선지 스스로 '선택해야' 합니다.

제가 카운슬링을 하면서 느끼는 것인데, 섬세한 사람은 대부분 매우 양심적입니다. 이들은 섬세한 감각으로 주변 사람의 감정이나 자리의 분위기, 세상의 돌아가는 사정을 감지합니다. 그래서 아주 자연스럽게 상대를 배려하고 세상의 룰을 지키려고 합니다.

그러나 느끼는 힘이 강하기 때문에, 주변 사람의 바람과 '이렇게 해야 한다'는 세간의 목소리에 쉽게 영향을 받게 됩니다. '이야기를 들어줬으면 좋겠다'는 상대의 기분을 바로 알아차리고 듣는 역할에 치중하거나 '기술을 배웠으면 좋겠다'는 부모의 희망에 따라 배운 기술로 직업을 선택하기도 합니다.

"나는 아티스트로 자유롭게 살고 싶어! 하지만 안정된 직장에 다니길 원하는 부모님 때문에 내 바람을 이룰 수가 없어"라고 자신의 의지와 상대의 바람이 다르다고 확실하게 인식할 수 있으면 그래도 괜찮습니다. 그런데 부모의 생각이 어느새 자신의 생각에 반영되어 "안정된 직업 외에는 다른 선택지가 떠오르지 않았어요"라고 말하는 사람도 있습니다.

주변의 요구와 세간의 목소리에 쉬이 흔들리는 섬세한 사람이 활력 넘치게 살기 위해서는 무엇보다 "나는 이렇게 하고 싶다"라는 자신의 본심에 귀를 기울여야 합니다.

'이렇게 하고 싶다'라는 자신의 본심을 소중히 하면
인생이 달라진다

"이렇게 하고 싶다"라는 자신의 본심을 소중히 여긴다면 마음이 점점 편안해지고 몰라보게 활력이 넘치게 됩니다.

이것은 내가 600명이 넘는 섬세한 사람들을 상담하면서 실제로 달라지는 모습을 보고 내린 결론입니다.

"사람들과 있어도 즐겁지가 않아요"라고 말했던 섬세한 사람이 수개월 후에는 "사람들이 참 친절하네요"라고 말하게 되었고 친구를 사귀고 연인도 만났습니다. 직장에서 심기가 불편한 사람에게 감정적으로 휘둘리며 "1초라도 빨리 집에 가고 싶다"라고 고민하던 여성이 같은 직장에서 마음 편히 일할 수 있게 되었습니다.

그들, 그녀들에게 공통적으로 볼 수 있던 변화는 '사람들과 있어도 있는 그대로의 모습으로 있을 수 있게 되었다'라는 점입니다. 진정한 자신을 드러내며 마음 편하고 느긋하게 살 수 있게 된 것입니다. 조금 전까지 몹시 신경이 쓰이던 일도 어느새 신경이 쓰이지 않게 됩니다. 불쾌함을 느끼는 일이 전보다 몰라보게 줄고 충격적인 사건이 있었다고 해도 열흘은커녕, 반나절 만에 우울함을 털고 다시 일어서게 됩니다.

섬세한 사람은 타고난 있는 그대로의 나, 섬세한 감성과 감정을 소중히 하며 더욱더 활력 있는 삶을 살게 되는 것입니다.

그러면 다음 장에서 드디어 실천으로 넘어갑니다.

자신을 바꾸기보다 자신에게 맞는 걸 찾는 삶으로

어느 날, 20대의 Y 씨가 상담하러 찾아왔습니다.

금융 창구에서 일하는 Y 씨는 사람들의 분위기를 잘 감지하여 상대가 화를 내기 전에 "이 사람 이제 곧 화낼 것 같아" 하고 바로 알아차린다고 합니다. 고객과 상사에게서 분노의 기색을 느낄 때마다 긴장하고, 심한 말을 들을 때마다 상처받아 며칠씩 우울한 상태가 계속됩니다. 동료들처럼 "자주 있는 일이니까" 하고 받아넘기지 못하고 "계속 이런 식이면 안 돼", "어떻게 하면 달라질 수 있을까"를 오랫동안 깊이 생각했다고 합니다. 그런 Y 씨는 '섬세한 기질이란 게 있다'는 걸 알았습니다. 그 일을 경계로 차츰 있는 그대로의 자신을 받아들일 수 있게 되었습니다.

"이것도 신경 쓰이고 저것도 신경이 쓰이고 이렇게 일일이 민감하게 반응하는 거 싫어, 왜 이딴 거에……"라고 한탄했으나 "뭐 그럴 수도 있지♪"라고 긍정하게 되면서 '주변에 맞추는 자신 만들기'에서 '자신에게 맞는 것 찾기'로 바뀌게 되었다고 합니다.

내가 잘하는 것, 하고 싶은 것은 무엇인가? 반대로 잘하지 못하는 것, 하고 싶지 않은 것은 무엇인가? 카운슬링을 통해 자기 자신에 대해 알게 되면서 본인이 적성에 맞지 않는 직장에 다닌다는 것도 깨달았습니다. '내 적성에 맞는 일을 해야 능력을 최대한으로 발휘할 수 있다'는 생각이 들어 고민 끝에 퇴직하기로 결심했습니다. 그리고 옛날부터 좋아하던 디자인 공부를 하려고 학교에 다니기로 결심했다고 합니다.

　이 결단을 통해 Y 씨는 "때론 참고 때론 몸부림쳐 답을 내면서 지금까지 정말로 열심히 살아왔구나"라고 새삼 자신을 인정할 수 있었다고 합니다.

　자신을 다시 만드는 것이 아니라 있는 그대로의 모습으로 사는 방법을 모색합니다. 이것이야말로 섬세한 사람들에게 공통이 되는 첫발이며, 그것만으로도 세상은 확연히 달라집니다.

　Y 씨는 "회사 업무만이 아니라 어떤 일이든 지금의 나라면 안심하고 나답게 해낼 수 있을 것 같아요"라며 자신의 모습에 깊이 안도하는 듯 보였습니다.

2장

매일의
스트레스를
막는
간단한 기술

'자극'으로부터 자신을 보호하는 방법

인간의 감정이나 작은 소리, 희미한 빛까지 다양한 정보를 감지하다 보니 그만큼 빨리 지치는 섬세한 사람. 게다가 자신의 몸 상태에도 예민하게 반응하기 때문에 피로에 지쳤다는 것을 쉬이 감지하게 됩니다.

이 장에서는 그런 섬세한 사람이 자극으로부터 받는 피해를 줄이는 방법을 소개합니다.

"네? 그렇지만 둔감해지는 건 불가능한데요?"

네, 그 말이 맞습니다.

하지만 주변에 있는 '물건'은 무엇을 놓고 '환경'은 어떻게 꾸밀지를 요리조리 궁리함에 따라 자극으로 인한 스트레스를 줄일 수는 있습니다.

또한 1장의 마지막에서 섬세한 사람이 활력 있게 살려면 '이렇게 하고 싶다'는 자신의 본심을 소중히 하는 것이 중요하다고 썼습니다. 하지만 다른 사람의 감정, 직장의 우중충한 분위기, 전화 소리 등… 섬세한 감각은 모든 것을 잡아내고 맙니다. '소음이 많은 상태'에서는 좀처럼 자신의 본심에 귀를 기울일 수가 없습니다.

'이렇게 하고 싶다'라는 자신의 본심을 읽는 준비로써 소음과 같은 자극을 줄이는 대처가 필요합니다.

그럴 때는 감각을 둔화시키거나 마음을 닫기보다 자극을 물리적으로 막는 것이 중요합니다.

비결 1. 마음을 닫지 말고 물리적으로 막는다

여러분에게는 이런 경험이 있지 않나요?

"직장에서는 스트레스를 받는 게 괴로워서 일부러 감각을 마비시켜요."

"다른 사람의 기분이 느껴지면 금세 지쳐서 집단에 속해있을 때는 마음의 문을 닫습니다."

실제로 카운슬링을 하면서 자주 듣는 이야기입니다.

하지만 사실 이런 대처 방식은 바람직하지 않습니다. 도리어 힘든 상태를 연장시키니까요.

불편한 장소에 가거나 상대와 만날 때에는 일시적으로 감각을 억누를 필요도 있습니다. 하지만 좋은 감정을 느끼는 것도, 불쾌하고 고통스러운 감정을 느끼는 것도 다 같은 '감각'입니다. 감각을 마비 시키면 '불쾌하고 고통스러운 감정도 느끼기 힘들어지지만 동시에 살면서 느끼는 기쁘고 설레는 감정도 느끼기 힘들어'집니다.

오랫동안 감각을 닫고 살면 "내가 어떻게 되고 싶은지 모르겠어", "즐겁다는 게 어떤 상태였더라?"라며 진짜 행복이 뭔지 알지 못하게 됩니다.

일시적으로 대처해야 할 때도 있겠지요. 그럴 때는 감각을 닫아버리기보다 스트레스의 근원이 되는 여러 가지 자극을 일단은 '물건으로든 뭐로든 틀어막아' 보세요. 그리고 최종적으로는 감각을 닫아버리지 않도록 스트레스를 많이 받는 장소나 상대와는 거리를 둘 필요가 있습니다.

비결 2. 오감 중, 예민한 감각부터 막는 것이 효과적

또 한 가지 비결은 시각, 청각, 후각, 촉각, 미각의 오감으로 나누어 생각하는 것입니다. 오감 중 '예민한 감각'부터 중점적으로 대처하면 효과적입니다.

카운슬링을 하는 자리에서 섬세한 사람에게 "상대의 감정과 자리의 분위기를 읽을 때 오감 중 어느 감각을 주로 쓰나요?"라고 물었더니 "눈이요"라고 대답한 사람이 있는가 하면 "귀요. 소리로 판단하는 것 같아요"라고 대답하는 사람도 있습니다.

오감 중, 어느 감각이 예민한지는 사람에 따라 다릅니다. 자신이 잘 쓰는 감각부터 먼저 시험해보세요.

자극에 따른 피해를 줄이려면 피로의 원인이 되는 과도한 자극을 막는 '예방'과 지친 몸을 회복시키는 '케어' 양쪽이 필요합니다.

각각으로 나누어 구체적인 방법을 소개해보겠습니다.

오감별! 자극 예방 방법

그러면 '예방법'부터 살펴봅시다. 지금부터 소개하는 것은 실제로 효과가 있었던 방법이거나 섬세한 사람에게 들었던 각종 방안입니다.

일단은 아래의 일러스트를 보시기 바랍니다.

앞으로 소개할 방법들 중 몇 가지를 일러스트로 표현해보았습니다. 보시는 바와 같이 조금만 생각을 해보면 되는, 받아들이기 쉬운 종류들입니다.

오감별로 살펴보는 다음 제안들을 보고 "괜찮다" 싶은 것부터 먼저 시도해보세요.

시각

- 안경과 콘택트렌즈의 도수를 낮춘다.
- 선글라스를 쓴다.
- 도수가 없는 안경을 쓴다.
- 테가 굵은 안경을 쓰고 "이것만 보면 돼"라며 보는 범위를 한정한다.

"인파 속에서 장시간 있으면 금세 지쳐버린다"라는 사람부터 "슈퍼에 가면 상품들과 상표가 한 번에 눈에 들어와서 어지럽다"라는 사람까지 같은 섬세한 친구라도 '시각에 의한 피로도'에는 개인차가 있습니다.

눈으로부터 많은 정보를 받아들이는 사람, 자신과 관계가 없는 것까지 보게 되는 사람은 보이는 것을 필요 최소한으로 억제하는 것이 대책의 기본입니다.

섬세한 친구는 눈에 보이는 것을 세세한 데까지 읽어내어 정보로 받아들입니다. 그때, 자기도 모르게 자신과 관계가 없는 것까지 받아들이게 되는 것입니다.

저 역시 길을 걷다가 스쳐 지나간 사람의 표정과 옷 색깔, 커플 중 누가 오른쪽으로 걷고 있었는지까지 어느새 기억이 나서, 그런 나 자신에게 놀란 적이 있습니다. 우연히 스쳐 지나간 사람에 대해 그렇게 자세히 기억할 필요가 없는데도 보기만 하면 자연히 머릿속에 입력되는 것입니다.

일단 눈에 들어오면 "방금 지나간 사람은 뭐가 그리 바쁘지. 이어폰이 가방에서 튀어나왔던데. 이어폰이라면, 조금 전에 스쳐 지나간 사람도 지금 내 앞을 걷는 사람도 이어폰 색상이 흰색이네. 역시 제조업체의 순정품은 흰색이 많구나……"라고 연상게임을 하듯이 정보처리가 시작됩니다. 이렇게 머리가 쉬지 않고 돌아가니 금세 지치는 것입니다.

그렇게 되지 않도록 필요 이상의 정보가 눈에 들어오지 않게 차단해야 합니다.

장을 보러 갈 때도 도수가 다른 안경을 두 개 준비합니다. 이동 중에는 도수가 낮은 안경을 썼다가 매장에 도착하면 잘 보이는 안경으로 바꿔 쓰는 등 필요에 맞게 보이는 범위를 바꾸는 것도 추천합니다.

섬세한 사람 중에는 "시력은 좋지만 너무 많은 것들이 보여서 직장에서는 도수가 없는 패션용 안경을 쓰고 있어요. 렌즈를 통해서 세상을 보면 마음이 한결 편해져요"라고 말하는 사람도 있습니다.

또 테가 두꺼운 안경을 써서 보이는 범위를 좁히는 사람도 있습니다.

보이는 것을 필요 최소한으로 좁히는 방법은 "회사에서 책상에 앉아 컴퓨터를 보며 일할 때도 문으로 들어오고 나가는 사람이 있으면 신경이 쓰여요", "학교 수업을 듣다 보면 옆에 얼쩡거리는 사람들의 모습이 신경 쓰여요" 등 주변의 상황이 보이면 자신의 작업에 집중하지 못하는 사람에게도 도움이 될 것입니다.

시각이 예민한 섬세한 사람에게 안경은 편리한 아이템입니다. 자신에게 필요한 것만 보이도록 대책을 세워 봅시다.

청각

- 소음방지 이어폰을 낀다.
- 귀마개를 한다.
- 이어폰으로 마음이 편안해지는 음악을 듣는다.

"영화관에 가면 마음이 불편해요. 특히나 갑자기 큰 소리가 나는 공포영화를 보면 속이 울렁거려요."

이렇게 '갑작스레 터져 나오는 큰 소리'가 질색인 사람도 있는가 하면 "침대에 누워도 목욕탕 환기팬이 돌아가면 신경이 쓰여요. 그래서 환기팬은 꼭 끄고 잡니다"와 같이 작은 소리에 민감한 사람도 있습니다.

거슬리는 소리가 나는 장소는 피하고, 환기팬을 끄고, 침실에는 전자제품을 두지 않는 등 일단은 예민해지는 환경을 간단히 피할 수 있는 대책을 세워 보세요.

전철 안과 같이 나의 의지로 소리를 껐다 켰다 할 수 없는 장소에서는 이어폰이나 귀마개를 써 봅시다. 귀마개도 여러 종류로 다양한 성능의 제품이 시판되고 있으니 자신에게 맞는 것을 찾아보세요.

외출할 때는 가방에 귀마개를 챙겨 다니면서 거슬리는 소리를 막기만 해도 스트레스를 꽤 줄일 수 있습니다. 전철 안이나 혼잡한 인파 속, 카페 옆 테이블에 시끄럽게 떠드는 무리가 있으면 귀마개를 합시다.

장시간, 소리에 노출되는 고속철도나 비행기를 탈 때는 소음방지 이어폰이 도움이 됩니다. 터널을 통과할 때의 귀를 울리는 소리나 비행기의 엔진소리가 줄어서 장시간 이동해도 지치지 않습니다.

또한 청각이 예민한 사람에게는 '사는 환경'도 중요합니다. 밖에서 들리는 소리 자체를 멈추기는 어려우니 이사할 때에는 차가 잘 다니지 않는 장소를 고르고, 매장의 뒤편 등 수시로 환기구 소리가 나는 장소는 피하는 등 할 수 있는 범위에서 최선을 다하기 바랍니다.

- 피부 노출을 줄인다.
- 편안한 소재를 골라 피부를 덮는다.
- 밝은색 옷을 걸친다.

섬세한 사람 중에는 "불편한 사람과 스쳐 지나가면 전류가 흐르는 것처럼 흠칫 놀라요", "피부가 뻣뻣해져요"라고 말하는 촉각이 발달한 사람이 있습니다. 이런 사람들은 '옷의 보호를 받는' 것이 대책의 기본입니다.

촉각이 예민한 사람은 불편한 사람과 싫어하는 장소를 피부로 받아들이는 모양입니다. 촉각이 예민하면 피부가 갑갑한 게 싫어서 얇게 입는 걸 좋아하는 경향이 있는데, 피부를 노출하면 불쾌한 걸 받아들여야 하니 주객전도가 됩니다. 그러니 감촉이 좋은 카디건이나 숄을 걸쳐서 쾌적한 피부를 유지하기 바랍니다.

있기 불편한 장소에 가야 하거나 불편한 사람과 만날 때는 상대의 부정적인 느낌을 튕겨내듯이 오렌지색이나 붉은색과 같은 밝은색 옷을 입거나 반지나 귀걸이를 하는 섬세한 사람도 있습니다.

- 마스크를 쓴다.
- 좋아하는 향이 나는 핸드크림이나 향수, 헤어왁스를 바른다.

- 아로마 목걸이를 걸고 다닌다.

"만원 전철을 타면 냄새가 나서 힘들어요", "도시는 공기가 탁해서 냄새를 맡으면 속이 울렁거려요"라는 후각이 예민한 섬세한 사람은 기분 좋은 향기로 온몸을 감싸는 걸 추천합니다. 시중에 판매되는 아로마 오일을 넣은 아로마 목걸이도 추천할 만합니다.

미각

- 자극이 강한 음식을 피한다.

"패스트푸드나 짭짜름한 과자를 먹으면 몸이 부어요", "첨가물이 많이 들어있는 식품을 먹으면 혀가 아려요"라고 말하는 사람이 있습니다.

맛도 하나의 자극이라고 생각한다면 어떤 첨가물이 들어간 식품인가에 따라 몸 상태도 영향을 받을 수 있습니다. 되도록 성분 표시를 찾아보고 자극이 적은, 다시 말해 원재료에 첨가물이 적은 식품을 사고, 다듬어지지 않은 몸에 좋은 채소를 통째로 사서 조리하는 등 자신의 몸에 맞는 음식을 먹기 바랍니다.

주변에는 첨가물을 넣지 않고 점내에서 직접 조리하여 판매하는 슈퍼도 있습니다. 생활권 내에 자기 몸에 맞는 슈퍼를 한 곳이라도 알아두면 매일 장을 보기가 편리합니다. 단골 채소 가게가 있는 섬세한 사람도 있습니다.

즐거운 스케줄을 마치고 난 후의 처방

오감은 아니지만 꼭 시도해 봤으면 하는 방법을 하나만 더 말하고 싶습니다.

"집안일을 단숨에 끝낸 후, 녹초가 되었어요", "집중해서 작업하면 그 당시에는 즐겁지만 일이 끝나고 나면 손 하나 까딱 못하겠어요"라고 말하는 사람이 있습니다.

섬세한 사람에게는 일이나 내키지 않는 모임만이 자극이 아닙니다. 친구와 만나거나 집중해서 뭔가를 손수 만드는 '즐거운 이벤트'도 자극의 하나입니다. 스케줄을 꽉 채우지 말고 적당히 쉬는 날을 집어넣으면 즐거운 일상을 보내면서도 건강하고 활력 있는 생활을 실현할 수 있습니다.

"실컷 즐긴 후에 피곤해서 손 하나 까딱하기 싫어졌다"라는 섬세한 사람에게 나는 "즐거운 그 다음 날에는 종일 푹 쉬세요"라고 제안합니다. 힘든 일을 하고 난 후에 쉬는 날을 잡는 것과 마찬가지로 "좋은 자극을 받을 일이 있어도 사전에 쉬는 날을 잡아 주세요"라고 말입니다.

이 쉬는 날은 정말로 아무런 예정도 없는 '완전히 공백인 날'로 만드는 것이 핵심입니다.

아침에 일어나서 '오늘은 컨디션이 어떤지' 몸 상태를 확인하고 나서 "좀 더 자자"라거나 아니면 "기분도 좋고 힘도 나네. 날씨가 좋으니 걸어서 카페라도 가볼까" 하고 스케줄을 정합니다.

친구와 만나거나 뭔가를 배우거나 가족끼리 외출하게 되면 아무래도 무리를 하기 십상입니다. 컨디션을 봐 가면서 스케줄을 조절할 수 있도록 '정말로 아무 예정도 없는 휴일'을 꼭 스케줄에 넣기 바랍니다.

오감별! 회복을 앞당기는 케어 방법

'예방'에 이어 '케어'편. 지쳤을 때에도 되도록 빨리 기운을 되찾을 수 있게 좋은 방법을 알려드립니다.

신경을 지나치게 써서 지쳤을 때는 '외부에서의 자극을 최대한 억제하고 쉬는' 것이 기본입니다. '목욕탕의 환기팬을 끄고 차광 커튼을 치고 수면 안대와 귀마개를 하고 자는' 등 조금 지나치다 싶을 정도로 철저하게 자극을 차단하면 몰라보게 회복이 빨라집니다. 그러면 '예방'과 마찬가지로 오감별로 케어법을 살펴봅시다.

시각

- 불을 끄고 방을 어둡게 한다.

- 수면 안대를 쓴다.
- 인공조명이 눈부실 때는 촛불을 켠다.
- 이불을 머리끝까지 뒤집어쓴다.
- 침실에 있는 짐을 줄인다(침대에 누워 있을 때 되도록 짐이 보이지 않는 상태로 둔다).
- 에어컨 전원 버튼에서 나오는 불빛을 차단한다.

  지쳤을 때는 물론 즐거웠거나 새로운 아이디어를 떠올리면서 흥분이 이어질 때는 방을 평소보다 어둡게 해 두세요. 편의점과 슈퍼는 밤낮을 가리지 않고 휘황찬란하게 조명이 켜져 있지요. 인간은 빛에 노출되면 흥분하고 구매 의욕이 늘어납니다. '빛은 흥분을 일으킨다'라는 이 법칙을 역이용합시다. 긴장을 풀고 푹 쉬고 싶을 때는 먼저 조명을 낮추는 겁니다.

  밝기를 조절할 수 있는 조명이라면 밝기를 한 단계 낮춥니다. 방에 조명이 너무 밝은 경우에는 부엌과 화장실, 목욕탕 등의 작은 조명을 켜고 방에 있는 조명은 끄는 것도 한 방법입니다.

  조명을 한 단계만 낮춰도 자극이 상당히 줄어서 마음이 차분해지고 안정됩니다.

  많은 사람과 만나거나 친구의 얘기를 계속 듣느라 감당하기 어려울 정도로 정보를 많이 받은 날은 조도를 낮춘 조명이라도 자극이 강하게 느껴질 수 있습니다. 그럴 때는 인공조명을 전부 끄고 촛불을 꺼냅니다. 세련된 캔들을 사 둬도 좋고, 천원 샵에서 파는 촛불을 켜는 것도 상관없습니다. 지쳤을 때 바로 꺼낼 수 있게 꺼내기 편한 곳에 두는 것이 핵심입니다.

잘 때에는 수면 안대를 준비합니다. 눈을 감아도 눈꺼풀 사이로 빛이 새어 들어오는 걸 느낄 수 있을 겁니다. 그럴 때 수면 안대를 하면 그냥 눈을 감을 때보다 더 컴컴한 암흑 속에서 쉴 수 있습니다. 수면 안대가 없으면 손수건이나 수건을 눈꺼풀 위에 올려 두기만 해도 됩니다.

완전히 녹초가 되어 손 하나 까딱하지 못하겠다, 무조건 쉬고 싶다! 그럴 때는 침실로 직행하여 과감히 머리부터 이불을 푹 뒤집어 쓰세요. 아주 간단하게 시야에 아무것도 들어오지 않는 어둡고 조용한 환경을 만들 수 있습니다.

그리고 침실에는 되도록 물건이나 오래된 짐을 두지 않도록 하세요.

그런 물건들에서 나오는 기운은 의외로 가볍지 않습니다.

이것은 내가 실제로 경험했던 일인데, 이사 준비와 일의 다망함이 겹치던 시기에 한밤중에 벌떡 일어나 "짐이 너무 많아!"라고 울부짖은 적이 있습니다. 이사 때문에 침실에 종이상자가 빼곡하게 쌓여 있는 상태였던 겁니다. 너무 피곤할 때는 짐에서 나오는 기운마저 사람을 거슬리게 하는구나, 하고 뼈저리게 느꼈던 일화였습니다.

침실에는 에어컨의 작은 LED 불빛도 차단해둡시다. 이 빛을 완전히 막고 싶다면 두꺼운 종이상자를 조그맣게 오려서 붙이면 됩니다. 불빛이 전혀 보이지 않는 것이 불안하다면 마스킹테이프를 여러 겹 붙여서 불빛이 희미하게 비치는 상태로 조정할 수도 있습니다.

청각

- 조용한 장소에서 쉰다.
- 성능이 좋은 귀마개를 낀다.
- 소음방지 이어폰을 낀다.
- 차분한 음악을 틀어놓는다.
- 침실에는 전자제품을 두지 않는다.

위잉 하는 냉장고의 소음, 희미하게 들리는 목욕탕의 환기팬 소리, 에어컨에서 나오는 바람 소리나 에어컨이 돌아가는 소리, 위층에서 나는 화장실 물 내리는 소리. 평소에는 아무렇지 않았던 소리도 피곤할 때는 신경에 거슬리기 마련입니다. 섬세한 친구 중에는 "집 밖에 서 있는 자동판매기의 덜그럭거리는 소리가 거슬린다"고 할 정도로 청각이 예민한 사람도 있습니다.

청각이 예민한 사람이 자신을 보호하려면 조용한 장소에 가거나, 방음이 잘 되는 귀마개를 하거나 파도나 자연의 소리 같은 배경음악(BGM)이나 클래식 음악을 틀어놓는 등 귀가 편안한 환경에서 쉬는 것을 추천합니다.

그리고 잘 때도 소리를 잠재우기 위한 노력이 필요합니다. 침실에는 전자제품을 두지 말고 겨울에 에어컨 소리가 거슬리는 경우는 탕파나 히터 사용을 검토합니다. (일본의 에어컨에는 보통 히터 기능도 함께 있어서 여름에 냉방용, 겨울에는 난방용으로 씁니다 - 옮긴이) 자기 전에는 목욕탕의 환기팬을 끄고, 귀마개를 하는 등 소리를 차단하는 데 철저히 대비해보세요.

'환기팬까지 끄다니 소리에 너무 신경 쓰나'라고 걱정하지 않아도 괜찮습니다. 실은 저도 "이렇게 소리에 민감해서 누군가와 함께 살 수 있을까?" 하는 생각에 울고 싶은 적이 있었습니다. 하지만 본인이 '작은 소리도 철저히 막아야 푹 잘 수 있는' 사람이란 걸 알면 상대에게 잘 설명하고 '이러이러한 상태로 지내고 싶다'고 이해를 구할 수 있습니다.

어쨌든 여러분이 안심하고 쉴 수 있는 환경을 만드는 것을 최우선으로 하기 바랍니다.

촉각

- 무명으로 만든 타월켓(타월towel과 블랭킷blanket을 합친 일본 조어로 타월 천으로 만든 얇은 이불 - 옮긴이), 폭신폭신한 촉감의 모포 등 보들보들한 소재로 온몸을 감싼다.
- 촉감이 좋고 입으면 편안한 옷을 방에서 입는다.

촉감이 예민한 사람은 집이나 자기 방처럼 편한 장소에서 쉬는 것을 추천합니다. 마치 갓난아기처럼 말이지요. 갓 태어난 아기의 몸을 감싸주면 안정감을 느끼듯이 자신의 몸을 기분 좋은 소재의 타월켓과 대형 숄로 둘둘 마는 것입니다.

무명, 리넨, 시지라오리(두께가 다른 2종의 날실을 이용하여 표면에 오글오글 잔주름이 잡히게 한 옷감 - 옮긴이), 극세사, 실크, 마시멜로 터치 Marshmallow Touch(초극세사 면으로 마시멜로처럼 풍성하고 가벼우며 눈처럼 아주 독특한 촉감이 특징 - 옮긴이) 등 '닿으면 마음이 차분해지고 안정되는' 자신에게 맞는 소재를 고르면 됩니다. 백화점 타월 코너에서 직접 만지면서 비교해보면 자기 마음에 드는 소재를 찾을 수 있습니다.

파자마도 '몸에 걸치면 마음이 안정되고 차분해지는 소재'를 고르기 바랍니다.

후각

- 아로마를 피운다.
- 가능한 차분한 향이 나는 곳에 머문다.

'향기'는 한 단어로 규정짓기 어려울 만큼 향기를 내는 형태가 제각각입니다. 아로마 디퓨저, 아로마 캔들, 향, 유연제의 부드러운 향기, 좋아하는 향이 나는 샴푸와 린스.

본인이 마음이 차분해지고 안정되는 향이라면 아로마뿐 아니라 그 무엇이든 괜찮습니다! '나에게 좋은 향기'가 나는 곳에서 차분히 쉬어봅시다. "채소를 푹 끓일 때 나는 냄새를 좋아해요"라고 말하는 섬세한 사람도 있습니다.

좋아하는 향이 나는 바디크림으로 발마사지를 하는 것도 몸을 케어하는 방법으로 추천합니다.

미각

- 주로 담백한 음식을 먹는다.

간이 많이 된 복잡한 음식보다 간이 많이 안 된 단조로운 음식을 먹어야 몸이 편안해집니다.

몸을 따뜻하게 해주는 음식의 대표로는 채소찜이 있습니다. 인삼과 순무, 피망, 버섯 등 어떤 재료를 넣어도 오케이! 일단 푹 끓여서 된장과 소금 등을 뿌립니다. 실리콘 찜기에 넣고 전자레인지에 돌리면 완성! 조리도 아주 간편합니다.

'단것이 먹고 싶으면 누군가에게 어리광을 부리고 싶은 때'라든지 '짭짤한 과자가 먹고 싶으면 스트레스가 쌓인 때'라는 것처럼 당기는 음식은 자신의 마음 상태를 알 수 있는 척도가 되기도 합니다.

"어쩐지 짭짤한 과자가 먹고 싶더라니! 그 말은 지금 피곤하단 건

가"라며 음식을 단서로 자신의 상태를 파악하고 일찍 잠자리에 드
는 등 적절한 방식으로 자신을 케어하기 바랍니다.

쉬고 싶으면 쉬어도 괜찮다?

오감별 '예방'과 '케어' 방법을 주제로 설명했습니다.

어쩌면 "방법은 알아, 하지만 얼마나 해야 하지?"라고 생각한 사람도 있을지 모릅니다.

지금에야 "피곤할 때는 이렇게 하면 됩니다"라고 알려드리지만, 예전에는 "이렇게 섬세하게 느끼는 자극에 일일이 반응을 해야 할까?" 싶어 케어를 주저하던 시기가 있었습니다. 하지만 몸을 방치하자 점점 스트레스 내성이 낮아지는 기분이 들었습니다.

시행착오를 겪으면서 나 자신을 케어하며 몸과 마음을 소중히 하자, "걱정하지 않아도 돼. 몸이 바라는 것에 솔직하게 반응하면 돼"라고 생각하게 되었습니다.

몸이 느끼는 작은 스트레스에 귀를 기울이고 케어를 하다 보니 무리했을 때는 바로 '무리했다'는 걸 깨닫게 되었습니다. 그리고 내 상태를 받아들이자 더 이상 스스로를 채찍질하지 않고 진심으로 하고 싶은 일에만 주력할 수 있게 되었습니다.

그래도 '어디까지 케어해야 할지' 몰라 망설여지면 나는 아주 머나먼 옛날을 상상합니다.

인간이 동굴에서 살던 시절에는 전기도 인터넷도 없었습니다. 밤에 인공조명을 눈부셔 하는 건 인간으로서 극히 자연스러운 모습입니다. 빛이 눈에 부시면 촛불을 켜면 됩니다. 정보를 과도하게 흡수하여 마음이 불안해지면 잠시 인터넷을 쉽니다.

몸과 마음이 섬세한 사람은 들쑥날쑥한 컨디션의 파도도 유독 잘 느끼게 되는데, 피곤하면 쉬고 힘이 나면 일하는 것은 생물로서도 아주 자연스러운 모습입니다. 컨디션의 파도를 타면서 자연스러운 삶을 살아갔으면 좋겠습니다.

가족과 지내는 섬세한 사람이 쉬는 요령

섬세한 사람에게는 혼자만의 시간이 필요합니다. 하지만 가족과 사는 섬세한 사람 중에는 "사실은 혼자 쉬고 싶지만 혼자 방에 있으면 다들 걱정할 것 같아서 혼자 있지 못하겠어요", "남편이 '내가 뭐 실수했나'라고 걱정 할까 봐 좀처럼 혼자만 있을 수가 없어요"라고 말하는 사람도 있습니다.

그럴 때 저는 "오늘은 일하느라 바빠서 지쳤으니까 방에서 좀 쉴게"라고 가볍게 이유를 대고 쉬라고 권합니다. '당신이 원인이 아니라 그저 단순히 피곤하다'고 말해주라는 겁니다.

알고 보면, 이유를 알리는 건 상대를 위해서라기보다 자신을 위해서입니다. 섬세한 사람은 배려심이 많아서 자기 행동 때문에 자칫 상대방이 불쾌한 기분을 느끼지 않을까 걱정하는 면이 있습니다. "당신 탓이 아니야"라고 분명하게 말하면 걱정거리가 줄고 마음 편히 쉴 수 있습니다.

"혼자서 쉬면 얼마 지나지 않아 기운을 되찾을 거야." 그렇게 말해두면 가족도 안심할 것입니다. '방에 너무 오래 있는 거 아닌가' 걱정하지 말고 몸과 마음을 충분히 쉬게 해줍시다.

'지쳤다'는 건 애썼다는 증거

만약 "왜 이렇게 지쳤을까", "더 열심히 하지 않으면 안 되는데!"라고 자신을 채찍질하려고 한다면 이는 역으로 마음을 풀어놓으라는 신호입니다.

지친 자신을 탓하지 말고 '지친 지금 상태'에 주목하기 바랍니다.

지쳤다는 건 스스로에게 짐을 지우고 열심히 살았다는 뜻입니다. "여태까지 잘 해왔어, 장하다!"라고 자신의 노고를 치하한 후, 충분히 쉬기를 바랍니다.

자신에게 맞는 환경에 있어야 힘을 발휘한다

"소리가 거슬립니다. 조용한 직장에서 일하고 싶어요."

N 씨의 상담은 그런 고민에서 출발했습니다. 고객지원팀에서 일하던 N 씨는 직장에서 전화가 울릴 때마다 "빨리 받아!" 하고 누가 채근하는 것처럼 느꼈다고 합니다.

직장의 긴장된 공기와 고객의 클레임, 전화소리……. 온갖 일에 섬세한 감각이 작동해서 머릿속이 늘 경보가 울리는 상태였다고 합니다. 마치 사막을 헤엄치듯이 몸도 마음도 무거웠다고요.

더 조용한 환경에서 나만의 장기를 살려서 일하고 싶다.

그렇게 생각하게 된 N 씨는 직장환경에 대한 희망에 더하여 나는 어떤 일을 하고 싶은지, 무엇을 잘하는지를 곰곰이 생각해보았습니다.

상담을 통해 "사람들의 말을 들어주고 응원해주고 싶다"라는 바람을 깨닫고 학생들의 진로와 취업을 지원하는 회사로 전직했습니다. 지금 다니는 직장은 사무실이 조용하고 전화 호출음도 각자 설정할 수 있어서 신경을 거스르는 일이 몰라보게 줄었다고 합니다.

새로운 직장에서는 힘들어하는 사람을 한눈에 알아보는 섬세함이 장점이 되었습니다. 학생들이 모여 스터디를 할 때, 다른 방에 있어도 소리나 기색으로 학생의 상태를 파악한다고 합니다. 행여 스터디 내내 자리를 비운 학생이 있으면 무슨 일이 생겼는지 신경 써주고 배려를 할 수 있다는 거죠.

N 씨는 자신을 "저기요"라고만 부르던 학생이 반년이 지나서는 '○○ 씨'라고 정확히 이름을 불러주었을 때와, 업무가 원활히 돌아가게끔 시스템을 고안하여 가동이 되었을 때에 일하는 보람과 즐거움을 느꼈다고 합니다.

자신에게 맞는 환경에서 일하게 된 N 씨는 이제 이렇게 말합니다.

"일에 몰두할 수 있어서 행복해요. 막혔던 속이 뻥 뚫린 느낌이에요. 덕분에 몸이 한결 가벼워졌어요."

3장

인간관계가
편해지는 기술

섬세한 사람이 잘 빠지는 '최대의 함정'은?

이 장에서는 섬세한 사람이 꼭 알았으면 하는 인간관계의 비결에 대해 설명하겠습니다.

섬세한 사람의 세심함은 인간관계에서도 상대의 감정을 단박에 알아차리고 그 자리의 분위기를 바로 느끼는 식의 형태로 나타납니다. 상대의 기분을 고려하여 세심하게 배려하고 깊이 공감하면서 이야기를 들어주는 등 좋은 면이 있는 반면에, 너무 잘 느끼다 보니 지나치게 배려하느라 자신의 의견을 말하지 못해 혼자 고민하기도 합니다.

하지만 안심하세요.

섬세한 사람과 섬세하지 않은 사람의 감수성 차이를 알고 부담이

가지 않게 접근하는 방식을 찾을 수 있으면 인간관계가 편안하고 안정적으로 변힐 깃입니다.

순서대로 설명해보겠습니다.

'감각이 다르다'는 것만 알아도 편해진다!

방금 '섬세하지 않은 사람과의 차이를 안다'고 썼습니다.

단정적으로 썼지만 실은 '섬세하지 않은 사람과 나는 감성이 다르다'는 것을 상상해본 사람이 얼마나 될까요. 아마 상상해본 적이 없는 사람이 대부분일 것입니다.

맞습니다. 실은 섬세한 사람에게 최대의 함정은 "상대의 '모르겠다'라는 감각을 전혀 모른다"는 것입니다.

"나는 다른 사람들보다 섬세한 것 같다"고 어렴풋이는 알아차려도 자신에게는 당연하게 느껴지는 감각이 상대에게는 '없다'는 걸 거의 실감하지 못합니다.

내가 당연하게 갖고 있는 감각이 상대방에게는 '없는' 게 아닐까?

섬세한 사람이라면 제발 이 의문을 갖기를 바랍니다. 그것만으로도 타자를 보는 눈이 크게 달라질 것입니다.

섬세한 사람과 섬세하지 않은 사람의 감각의 차이는 섬세한 사람의 상상을 훨씬 뛰어넘습니다.

섬세하지 않은 사람에게도 섬세한 감각이 전혀 없는 것은 아닙니다. 단지 섬세한 사람은 특히 느끼는 힘이 강하여 '상대도 자신과 똑같이 느끼고 있을 거야'라고 믿었다가 섬세하지 않은 사람을 만나면 그 믿음이 깨지면서 상처를 받게 되는 것입니다. 둘 중 잘못된 행동을 한 사람은 아무도 없는데 말이지요.

부모님에게 "너를 잘 모르겠어"라는 소리를 들었던 내 경험

섬세한 사람의 감각을 섬세하지 않은 사람이 얼마나 '이해하고 있는가' 그 한 예로서 나 자신의 체험을 들어보겠습니다.

내 부모님은 다정하고 아주 좋은 사람들입니다. 하지만 인간이라서 화를 낼 때도 있습니다. 엄마가 짜증을 내면 저는 엄마의 심기가 불편하다는 걸 느끼고 덩달아 마음이 불편해졌습니다. 엄마의 심기가 불편한 날 저녁준비를 할 때면 내 방에 있어도 도마 소리가 평소보다 크게 들리곤 했습니다.

어느 날 가족회의에서 "엄마가 기분이 안 좋으면 바로 알 수 있어서 그 도마 소리가 싫어"라고 부모님에게 털어놓은 적이 있습니다.

두 분 모두 "앗?" 하고 마주 보더니 "도마 소리가 크게 들리는 건 우리 집이 목조라서 그래"라고 말했습니다.

"아니야, 목조라서 그런 게 아니라……."

저는 어린 시절부터 어물어물 엄마의 기색을 살폈습니다. 도마 소리로 엄마의 기분을 느꼈다고 말하려 했으나 엄마와 아빠는 의아해하는 표정만 지을 뿐이었습니다.

왜 말이 통하지 않았는지 그때는 알지 못했습니다.

심기가 불편했던 걸 인정하고 싶지 않아서 목조로 지은 집 탓으로 돌린 것일까? 내 실명 방식이 나빴을까? 이런저런 이유를 생각해보았으나 어느 것도 정답은 아니었습니다.

아빠와 엄마는 정말로 아무것도 모르는 것 같았습니다.

"심기가 불편하면 바로 소리로 드러나서 그게 고통이었는데 아빠도 엄마도 정말로 잘 모르는구나. 애초에 이해할 수가 없는지도 몰라."

그렇게 깨달은 때는 그 일이 있고 수년 후였습니다.

소중한 가족이 내 감각이나 기분을 통 이해하지 못하다니, 그것은 큰 충격이었습니다. 하지만 '정말로 이해하지 못하는구나'라고 깨달은 후에 부모님이 "모르겠어"라고 말했던 것이 기억났습니다.

"널 잘 모르겠어."

몇 번이나 그렇게 말했는데도 난 "모를 리가 없어", "이해하려고 하지 않을 뿐이야"라고 생각했습니다. "모르겠다"라는 부모님의 말씀을 '이해에 이르지 못했다'라는 의미로써 인식하지 못했던 것입니다.

내가 당연하게 느끼는 이 감각이 정말로 '없는' 거구나. 말 그대로 '모르는' 거였어.

그 사실을 받아들이는 데는 제법 시간이 걸렸습니다. 소중한 사람과 서로를 이해하지 못한다는 사실에 쓸쓸함을 느끼고 깊은 슬픔에 빠졌었습니다.

그래도 시간이 지나면서 조금씩 감각의 차이를 받아들이자 부모님과의 관계도 다시 회복되었고, 다른 사람과 대화를 하면서 고민하는 일도 훨씬 줄었습니다.

그리고 나 자신의 섬세한 감각과 타협하여 하고 싶은 일을 하는 삶을 살며 마음이 맞는 많은 사람들(감각을 공유할 수 있는 섬세한 파트너는 물론 둔감하지만 함께 있으면 재미난 동료들)과도 만나게 되었습니다.

지금은 '감각에 대한 이해'와 '사랑'이라는 두 가지가 같은 의미를 내포하는 게 아니라는 걸 잘 알고 있습니다. '이해는 못 하지만 서로 사랑하는' 사람들도 있으며, 그것은 그것대로 따뜻한 관계라고 생각합니다.

여러분이 만약 '아무도 나를 이해해주지 않는다'라며 고민하고 있다면 어쩌면 그것은 상대방에게 여러분이 가진 감각이 '없거나', '많지 않아서'인지도 모릅니다.

상대와 나의 차이를 알고 시간을 들여 천천히 받아들이세요.

그것이 편안한 관계를 맺는 출발점이 될 것입니다.

자신감을 낼수록 나에게 맞는
사람이 모이고 편안해진다

어떻게 하면 공감할 수 있는 상대, 함께 있으면 힘이 나고 꾸미지 않은 자연스럽고 편안한 모습으로 지낼 수 있는 상대와 만날 수 있을까요?

그것을 알려드리기 위해 일단은 '인간관계의 기본 구조'부터 알려드리겠습니다.

인간관계는 '겉으로 드러나는 자신'과 잘 맞는 사람이 주변에 모인다는 아주 단순한 구조로 되어있습니다. 즉, '진정한 자신'을 억누르고 껍질을 뒤집어쓰고 있으면 그 '껍질'에 맞는 사람이 모여들게 됩니다.

가령 사실은 성격이 아주 느긋한 사람이 직장에서는 조금 무리를 해서 한시도 쉬지 않고 일을 부지런히 처리한다고 칩시다.

그러면 "사람이 참 부지런해서 좋네"라고 생각하는 사람이 주변에 모이게 됩니다. 그리고 섬세한 사람 본인은 자신의 바지런한 일 처리가 평가받는다고 느끼므로 "느긋한 나는 필요가 없구나"라고 생각하며 점점 더 쉬지 않고 일을 해내고 그럴수록 점점 부지런한 당신을 좋게 평가하는 사람이 주변에 모이고……. 이것이 되풀이되는 사이 진정한 자신은 어디론가 사라지고 부지런히 일하는 모습을 인정받는 인간관계가 만들어집니다.

이 부지런함은 "나보다 상대를 우선한다", "마음대로 하고픈 마음을 억누른다"라는 말로 바꿔 얘기할 수 있습니다. 자신의 본심을 억누르고 상대를 우선하면 '자신을 우선하는' 사람이 주변에 모이게 됩니다. 그러면 '상대를 우선하는 당신'만 인정받게 되고 자신의 의견이나 느끼는 감정에 자신이 없어지면서 점점 자신을 드러내지 못하게 됩니다.

자신을 드러내지 않으려고 '껍질'을 뒤집어쓰고 있으면 그 '껍질'에 맞는 사람이 모이게 되는 것입니다.

인간관계의 '변화'

그러면 이러한 '인간관계의 기본구조' 하에서, 섬세한 사람은 어떻게 하면 좋을까요?

맞습니다! 진정한 자신을 드러내야 합니다. 드러낼수록 자신에게 맞는 사람이 모여서 마음이 편안해집니다.

지금까지 상대의 기분을 우선했던 사람이 자신의 의견을 말하거나 기쁠 때나 싫을 때나 솔직하게 표정을 드러내면 어떻게 될까요?

"자신만의 의견을 가진 당신이 좋아요", "감정이 풍부한 당신이 좋아요"라며 꾸미지 않고 자연스럽게 행동하는 당신을 좋아하는 사람이 주변에 모일 것입니다. 이렇게 잘 맞는 사람이 주변에 모이게 되면 불쾌한 감정을 느끼는 일이 줄어들어서 점점 자기답게 자기 의사를 표현하면서 살 수 있게 됩니다.

여태까지 강하게 자신을 억누르고, 상대를 우선해온 사람이 자신의 의견을 말하기 시작하면 '인간관계에 변화'가 일어납니다.

감정을 얼굴에 드러내거나 의견을 말하거나, 때로는 친구가 부를 때 거절함으로써 '부르면 거절하지 않는 당신', '무엇이든 부탁하면 들어주는 당신'을 좋아하던 사람이 떠나갑니다. 당신의 〈껍질〉을 좋아했던, 당신과 잘 맞지 않은 사람들이 떠나가는 것입니다.

사람이 떠남으로써 일시적으로 고독을 느낄지도 모릅니다. 하지만 자신이 느끼는 감정을 솔직하게 얼굴에 드러내면서 하고 싶은 걸 하며 지내는 동안에, 반드시 "네가 좋아", "당신도 멋지네"라고 말해주는 사람과 만날 수 있을 것입니다.

그리고 모두가 사라지는 것은 아닙니다. 친구와 가족, 여태까지 맺어온 인간관계 속에서도 "그렇게 생각했었구나. 어떻게 하고 싶은지 말해줘서 기뻐"라고 당신의 기분과 의지를 존중하는 사람, 여러분을 소중히 대해주는 사람은 남을 것입니다.

진정한 자신을 드러내면 이렇듯 인간관계의 변화가 일어나면서 느긋하고 꾸미지 않은 자연스러운 모습으로 지낼 수 있는 관계가 늘어나게 됩니다.

주변에 자신과 잘 맞는 사람이 별로 없다고 느껴지면 용기를 내서 "퇴근하는 길에 거기에 한번 가보고 싶은데 어때요?"라고 하고 싶은 걸 말해본다거나 누가 뭔가를 하자고 부르면 "오늘은 시간이 안 돼요"라고 거절해보세요.

처음에는 "말을 해버렸네", "거절해도 괜찮을까"라고 마음이 불안할지도 모릅니다. 하지만 지금까지 자신의 기분을 드러내지 않았던 사람이라면, 말을 잘하지 못하거나 마음이 흔들리는 등 익숙하지 않은 것은 당연합니다. 자신의 생각과 의사를 전하는 것도 자전거를 타는 것과 마찬가지로 연습이 필요합니다. 하면 할수록 능숙해지니 조금씩 시도해보기 바랍니다.

'배려가 부족한 사람'에게
휘둘리지 않는 방법

"나라면 좀 더 조심해서 말할 텐데."

"왜 그렇게 남의 사생활에 함부로 참견하는 걸까?"

"쓰레기를 아무 데나 버리는 사람을 보면 믿을 수가 없어."

주변 사람의 언행을 보고 "배려가 없다", "어떻게 그런 행동을 할 수가 있지?"라고 생각한 적이 있지 않나요?

상대의 표정과 말의 뉘앙스를 감지하거나, 배려하는 것이 아주 당연한 섬세한 사람이 보기에는 주변 사람들은 '배려가 결여된' 것처럼 보입니다.

가치관과 사고방식은 저마다 다르다고 말하지만 섬세한 사람들은 그 전에 가치관과 사고방식의 토대가 되는 감각 자체의 차이에 직면하게 됩니다.

상대의 표정과 어감의 미묘한 차이를 얼마나 잘 읽어내는가, 그리고 이를 통해 상대의 상황을 얼마나 실감나게 상상할 수 있는가?

'배려하는 힘'에도 개인차가 있다고 생각하면 섬세한 사람이 주변 사람들과 엇갈리는 이유가 잘 보이게 됩니다.

'배려가 없다'는 '못됐다'라는 뜻이 아니다

상사에 근무하는 F 씨. 출장이 많은 그는 새로운 지역에 갈 때마다 그 지역에 사는 사람들이 즐겨 찾는 맛집에 들르거나, 그 지역에서만 볼 수 있는 특산품을 구경하는 것을 즐깁니다.

평소에는 온화하기 짝이 없는 F 씨가 어느 날 "그 사람은 어째서 일을 이따위로 하는 거야!"라고 분통을 터뜨렸습니다. 새로운 거래처의 담당자 A 씨가 F 씨의 사정을 고려하지 않고 스케줄을 짰기 때문입니다. 들자하니 거래처 직원인 A 씨가 비행기 시각을 묻기에 알려줬더니, 일하는 시간을 제외하고 전부 미팅을 잡는 바람에 가는 길에도 돌아오는 길에도 현지를 구경할 시간을 전혀 낼 수가 없었다는 겁니다.

"어째서 이쪽의 사정을 물어보지 않는 거야! 나라면 '현지를 구경할 건가요?'라는 한 마디쯤은 물었을 텐데⋯⋯."

그 이야기를 듣고 저는 고개를 갸웃했습니다. 담당자인 A 씨에게 악의가 있다고 느껴지지 않았기 때문입니다. "몇 시에 공항에 도착

하나요?"라고 묻고 그 스케줄에 맞춰 회의를 시작했고 돌아오는 비행기의 출발시각도 고려해 그 시각에 맞게 미팅을 설정했습니다. 완전히 얘기한 그대로 행동했을 뿐입니다.

섬세한 사람들의 커뮤니케이션에는 언어 외의 정보가 셀 수 없이 숨어있습니다. 언어의 뉘앙스, 표정, 목소리 톤은 물론, 과거의 대화까지 실로 다양한 정보를 참조하여 상대의 상황을 판단합니다. 그런데 세상에는 다양한 사람들이 있습니다. 말의 뉘앙스와 표정, 목소리 톤을 읽는 게 서툴러서 그 순간에 주고받은 말만으로 대화를 하는 사람들도 많이 있습니다.

섬세한 친구는 대화 상대에게 아주 자연스럽게 배려를 할 수 있는 사람들입니다. 그래서 배려하지 못하는 상대와 만났을 때, "왜 저렇게 나대는 거지!"라고 화를 내거나 "나라면 저렇게 하지 않을 텐데. 어쩌면 나를 싫어하나?"라고 애태우다가 상대의 행동에 마음이 이리저리 휘둘리게 됩니다.

하지만 세상을 돌아보면 섬세한 사람의 '아주 자연스럽게 배려하는' 행위야말로 아무나 하기 힘든 고난도의 기술입니다. 배려하는 것이 서툰 상대에게 '배려해주지 않다니 어쩜 저런 사람이 있을까'라고 분노하는 건 상대편의 입장에서 보자면 어이가 없는 행동입니다.

"왜 이렇게 안하무인으로 행동하는 걸까!"

"왜 이런 짓을 하는 걸까!"

그런 생각이 들면 "왜?"라고 생각하기 전에 상대가 애초에 그걸 할 수 있는 사람인가? 라는 관점에서 상대를 관찰하는 자세가 필요합니다.

"그렇구나……, 배려가 서툰 사람이구나."

"이쪽의 상황을 아예 알아차리지를 못하는구나."

라고 알게 되면 상대의 행동에 휘둘리지 않고 편하게 지낼 수 있게 됩니다.

그럼, 이번에 소개한 F 씨.

거래처의 A 씨를 유심히 관찰해 봤더니, 역시 누구에게나 말한 대로 행동하는 사람이었다고 합니다. 배려는 여전히 서툰 듯, 말하지 않은 건 해주지 않았지만 말로 부탁한 것은 확실히 해준다는 것입니다. A 씨의 성격을 이해하자 인상도 달라져서 '의외로 좋은 사람이다'라고 생각하게 되었습니다. 내 상황을 알아주겠지, 라고 기대하지 않고 해주었으면 하는 것을 분명하게 말하는 깔끔한 관계가 되었다고 합니다.

'싫다'라는 중요한 센서
다른 사람을 싫어해보자

"누군가를 싫어한 적이 있습니까?"

인간관계에 관해 상담할 때, 이런 질문을 한 적이 있습니다. 상대를 싫어하지 않아서 인간관계로 고생하는 섬세한 사람이 있기 때문입니다.

회사원 U 씨는 여성입니다. 학창시절부터 사귄 친구와는 지금도 연락을 하고 있다고 하는데, 친구가 놀러 가기로 약속했다가 당일에 갑자기 취소하거나 자신의 취미활동에 비아냥거려서 의기소침해지는 등 상대에게 이리저리 휘둘린다고 합니다.

"다른 친구에게 '화도 좀 내지 그래?'라는 소리를 듣기도 합니다. 하지만…… 화를 내야 하는 일인지, 잘 모르겠어요"라고 나지막이 말했습니다.

섬세한 사람 중에는 '싫다'는 감정을 봉인한 사람이 있습니다. "모두와 사이좋게 지내야 한다"라는 세간의 목소리를 그대로 받아들이고는 "누군가를 싫어해서는 안 된다", "다른 사람을 싫어하는 내가 싫다"라고 생각하는 것입니다.

누구도 싫어하지 않고 살 수 있다면 행복할 것만 같습니다. 하지만 정말로 그럴까요?

사실 '싫다'는 감정은 살아가는 데 매우 중요한 센서와 같은 역할을 합니다. '싫다'는 감정이란 "이 사람은 자신에게 불이익을 가져다줄 것 같다. 불길한 예감이 들어"라는 신호이기도 합니다.

'싫다'는 감정을 봉인하면 "왠지 모르게 싫으니까 저 사람 근처에는 얼씬도 하지 말자"라는 생각을 받아들이지 못해서 상대와의 거리감을 조정하지 못합니다. 아니, 도리어 마음이 잘 맞지 않은 상대와 가까워질 수 있습니다.

싫다는 감정의 센서가 작동하지 않으면 누가 봐도 심한 짓을 했다거나, 규칙을 위반했다거나 하는 상당한 이유가 축적되지 않으면 상대를 멀리하지 못합니다. 즉 어떤 문제가 불거지고 정당한 이유가 생겨야 비로소 상대와 거리를 둬야겠다고 생각하게 됩니다.

그런데 문제가 일어났을 때는 대개 참을 대로 참은 상태입니다. 상대의 언행을 더는 견디지 못하고 결국에 연락을 일절 끊어버리기도 합니다.

'싫다'는 감정을 봉인하면 누군가가 내게 의존하거나, 과도하게 간섭하고 심한 요구를 하는 등 도리어 인간관계가 쇠이게 됩니다.

삐 삐 삐 삐 삐

윽, 골치 아픈 일 발생 예감!

'싫다'는 감정은 아주 중요한 센서

섬세한 사람이 느끼는 '첫인상'은 아주 정확하다!

인간관계의 상담을 받고 "그 사람, 처음부터 싫지 않았어요?"라고 물으면 대개 "어째 좀 이상한 사람이라는 느낌을 받았어요"라는 대답이 돌아옵니다.

섬세한 사람은 느끼는 힘이 강해서 '어째 좀 이상한 느낌이다', '맞지 않을 것 같다'를 단박에 알아차립니다. 그런데 "모두와 사이좋게 지내야 해", "첫인상으로 사람을 단정해서는 안 돼"라며 자신의 감각을 이성으로 부정하는 것입니다.

　물론 첫인상이 이상하다고 느꼈던 사람과 나중에 사이가 좋아졌다! 라는 사람도 있습니다. 이런 사람은 스스로가 느낀 첫인상을 의심해봐도 괜찮지만, 여태까지의 인간관계를 돌아보고 '왠지 좀 이상하다고 생각했던 사람과는 역시나 관계가 꼬이더라'라는 사람은 첫인상을 믿기 바랍니다. 이상하다고 느꼈다면 다가가지 않고 잠시 지켜보면서 경계할 필요가 있습니다.

　"왠지 모르게 싫어", "왠지 이상한 느낌이 들어"라고 생각했다면 거리를 둡시다. 정당한 이유가 없어도 '싫으니까 되도록 그 사람 일에 관여하지 말자'라고 생각해도 괜찮습니다.

　인생에서 싫은 상대와 정면에서 마주해야 하는 순간은 그렇게 많지 않습니다. 싫어하는 상대는 피하거나 가능하면 상대하지 말고 다른 누군가에게 맡겨야 서로가 행복합니다.

　이런 이야기를 했더니 첫머리에 나왔던 U 씨는 "저 누군가를 싫다고 말한 적이 없었어요. 정말로 없었네요……!"라고 말하며 놀랐습니다. "상대를 싫어해도 된다"라고 생각하자 당일에 갑자기 약속을 취소하거나 비아냥거리는 상대의 행위를 "싫다"고 분명하게 자각할 수 있었다고 합니다.

　그리고 나서는 그 친구가 놀러 가자고 말해도 "좀 바빠서"라는 이유를 들어서 거절하게 되었고 "불편한 사람과 더 이상 만나지 않아도 되니 속이 후련해요"라고 말했습니다.

싫다는 감정을 금지하면 불편한 사람에게 다가가게 된다

자기 안에서 싫다는 감정을 금지하면 '싫어하면 안 돼'라는 생각에 사로잡힌 나머지, '상대를 좋아하지 않으면 안 돼'라고 생각하고, 무의식중에 잘 맞지도 않는 상대에게 먼저 다가가게 됩니다.

총무부에서 일하는 30대의 T 씨는 불편한 사람일수록 "이해를 얻지 않으면 안 돼", "좋은 관계를 맺어야 해"라는 생각이 강해서 먼저 말을 걸었다가 상대의 반응에 상처를 입는다고 털어놓았습니다.

인간관계를 이유로 전직까지 생각했으나 "불편한 사람과 거리를 둬도 괜찮아. 억지로 이해를 구하지 않아도 돼"라고 깨닫고 나서는 먼저 다가가는 습관을 줄였다고 합니다. 그 결과 스트레스도 줄고 마음이 편해져서 "지금 다니는 직장에서 더 열심히 일하고 싶어"라는 생각을 하게 되었다고 합니다.

불편한 사람에게 문자로 웃는 이모티콘을 보내거나, SNS에서 상대를 먼저 팔로하고 친구신청을 하는 등, 자신이 불편하게 여긴다는 걸 상대가 알아차리지 못하게 도리어 우대하는 기색을 내비치는 사람도 있습니다. 상대는 당연히 환영받는다고 생각하게 됩니다.

싫다는 감정을 금지함으로써 도리어 불편한 사람과의 거리가 좁혀지는 것입니다.

따뜻한 인간관계를 만들려면 불편한 상대는 확실히 싫다고 선을 긋고 멀리해야 합니다. 좋아하는 사람과의 관계를 좁히고 싫어하는 사람을 멀리합니다. '싫다'는 감정이란 언뜻 보기에 부정적인 감정처럼 보이지만 자신의 속마음을 그대로 긍정함으로써, 자신에게 맞는 꾸미지 않고 자연스러운 모습으로 지낼 수 있는 인간관계를 만들어갈 수 있습니다.

혹시 속으로 '싫다'는 감정을 금지하고 있지 않나요? 한 번 체크해봅시다.

- **"피망 싫어!" 뭔가를 싫다고 말한 적이 있습니까?**
  - 뭔가를 싫어할 수 있을까? 사람에 따라서는 '사람을 싫어한다'만이 아니라 '싫다'는 감정 자체를 봉인하는 경우가 있습니다.
- **신뢰할 수 있는 사람에게 "그 사람이 싫다"고 털어놓은 적이 있습니까?**
  - 싫어한다고 하면 사람들이 자기를 나쁘게 볼 거라고 생각하지는 않는가?
- **혼자 있을 때 누군가를 콕 집어서 "그 사람 싫어"라고 소리 내어 말할 수 있습니까?**

블로그나 일기를 쓰는 사람은 '싫다'라는 단어를 쓴 적이 있는지, 있다면 빈도가 얼마나 되는지 검색해보는 것도 한 방법입니다.

상대의 기분을 얼마만큼 알 수 있을까?

"누군가가 짜증을 내면 바로 눈치챕니다."

"상대가 무엇을 원하는지 금세 알 수 있습니다."

이렇게 섬세한 사람은 상대의 감정을 알아차리는 데 선수입니다.

자꾸만 상대의 기분을 알아차려서 괴롭다는 상담을 받고 저는 "상대의 기분을 알아차렸다면 그게 맞는지 확인해보세요!"라고 제안했습니다. 무슨 일이든 "정말로 그럴까?" 답을 맞춰봐야 합니다. 답을 맞춰봅시다!

이렇게 말하는 이유는 알아차린 게 정말로 맞았는지 확인해보지도 않고 "분명히 이럴 거야"라고 억측하는 사례가 너무 많아서입니다.

'상대방의 기분을 알 수 있다'라고 생각하기 때문에 대부분은 정말로 그러한지 확인해보지 않는 경우가 많습니다. 하지만 섬세한 사람들과 대화를 나눠보면 그 '알 수 있다'는 느낌이나 예상이 의의로 빗나갈 때가 많습니다.

별거 아닌 표정과 몸짓, 목소리 톤, 말없이 컴퓨터를 칠 때 나는 키보드 소리. 섬세한 사람은 작은 정보를 끼워 맞춰서 상대의 감정을 알아차립니다.

하지만 알 수 있는 것은 화가 났나? 짜증이 났다, 라는 상대의 감정(신기)뿐입니다. "상대가 왜 지금 그 감정을 느끼게 되었을까?"라는 '감정의 이유'는 알지 못합니다. 감정의 이유는 어디까지나 추측한 것이기 때문입니다.

인간은 자신의 문제점에 주목하기 쉽습니다.

가령 "나는 일을 늦게 해"라고 생각하면, 상사가 짜증이 났을 때 "내가 일을 늦게 하기 때문이야"라고 생각합니다.

그런 부채감을 느끼면 상대가 화를 내거나 심기가 불편한 이유를 "내 탓이다"라고 돌리게 됩니다. 자기 탓이 아닐 가능성이 높은데도 "내 탓인가?"라고 고민한다면 그 시간이 너무 아깝습니다!

상대의 기분을 알아차렸다고 생각이 들더라도 그게 맞는지 꼭 확인하기 바랍니다.

자신의 추측이 얼마나 맞았는지 확인해보자

그렇다고 화가 난(깃처럼 보이는) 상사에게 "화나셨습니까? 제가 일을 못해서인가요?"라고 물으려면 아무래도 용기가 필요합니다.

자신의 '예상'이 맞는 확률은 얼마나 될까, 평소에 미리 파악해두라고 권하고 싶습니다. 그 가장 간단한 방법이 '누군가와 밥이나 차를 먹으러 갈 때 "그거, 맛있어?"라고 물어보는' 것입니다.

가령 친구와 차를 마실 때.

1. 상대가 마시고 있는 음료에 대해 어떻게 생각하는지를 예상한다.
   - 맛있다 / 보통 / 맛없다
   - 뜨겁다 / 따뜻하다 / 미지근하다
   - 마시는 음료에 대해서는 전혀 생각하지 않는다.

2. 확인한다. 한 마디면 오케이!
   "그 홍차 맛있어?"
   "응? 아. ○○해~!"

3. 상대의 대답이 자신의 예상과 일치하는지 확인!

이렇게 물어보고 확인하다 보면 "다른 사람의 생각은 의외로 알 수가 없구나", "내 예상은 의외로 맞지 않는구나"라고 실감할 수 있습니다.

"내 예상은 의외로 맞지 않는구나"라고 알게 됨으로써 주변 사람의 감정에 휘둘리지 않게 됩니다.

"상사가 심기가 불편해 보이네. 내 탓인가……"라고 생각해도 "아. 하지만 이 느낌, 의외로 맞지 않을 수 있어. 상사는 분명히 화가 난 것 같지만 그건 내 탓이 아닐 수도 있어"라고 자기 탓이 아닐 가능성에 주목하게 되는 것입니다.

이 방법은 시도해본 내담자들로부터 '주변 사람이 심기가 불편해 보여도 전전긍긍하는 일이 줄어들고 마음이 편해졌다'는 아주 좋은 평가를 받고 있습니다.

상대와 선을 긋고 자신의 페이스를 지킨다

"다른 사람과 있으면 금세 지칩니다. 특히 저돌적인 사람과 이야기를 나누다 보면 에너지를 소모하게 됩니다."

섬세한 사람에게 그런 고민을 들었습니다.

섬세한 사람은 느끼는 힘이 강해서 상대의 표정이나 목소리 톤과 같은 언어 외의 정보도 섬세하게 감지하기 때문에 장시간 상대의 이야기를 듣고 있으면 과도하게 자극을 받을 수 있습니다. 또 자신에게 향하는 감정이 아닌데도 상대의 슬픔과 분노를 느끼고 녹초가 되는 경우도 있습니다.

정보와 감정을 과도하게 받아들이지 않게 선을 그을 필요가 있습니다.

선을 긋는 방법은 '이미지를 이용하는 방법'과 '물건의 도움을 받는 방법'이 있습니다. 순서대로 설명하겠습니다.

상상력을 발휘하여 선을 긋는다

- 텔레비전 화면에 있는 사람과 대화를 나눈다고 상상한다.
- 상대와 마주할 때는 맞은편에 투명한 벽이 있다고 상상한다.

여러 사람들과 대화를 나눌 때나, 성격이 저돌적인 사람이 대화상대가 되면 느긋하게 천천히 대화를 나누는 것이 생각처럼 쉽지 않습니다. 그들은 이쪽의 상태는 아랑곳하지 않고 마치 속사포처럼 가차 없이 공격(=상대의 말)을 쏟아내니까요. 그러면 여러분은 이를 전부 받아내려고 코트에서 분주히 뛰어다니게 됩니다.

소수와 천천히 대화를 나누는 거야 문제없지만 사회생활을 하다 보면 이렇게 대화를 나누기 힘든 저돌적인 사람과도 대화를 나눌 기회가 얼마든지 찾아옵니다.

그럴 때, 섬세한 사람이라면 상대가 던지는 공을 받지 말아야 합니다.

공을 받지 않는다니 가능할까요? 아마도 여러분은 그런 건 불가능하다고 생각할지도 모릅니다. 하지만 여러분은 상대가 공을 세차게 때리며 공격해오는데도 반응하지 않고 그냥 떨어지게 놔두는 그런 상황을 이미 경험하고 있습니다.

바로 텔레비전에서 말입니다. 텔레비전 화면 속에 있는 캐스터 또는 탤런트가 이쪽에 말을 전하려고 필사적으로 호소합니다. 하지만 텔레비전을 켜도 딴생각을 하거나 얘기를 듣지 않을 때가 있지요? 그것이 바로 날아오는 공을 받지 않고 그냥 놔둬버리는 기술입니다.

상대의 이야기를 듣고 피로를 느낀다면 그 사람을 텔레비전 화면 속에 있는 사람이라고 상상해보세요. 그러면 "내 얘기 들어!"라는 상대의 압박에 옴짝달싹 못하던 사람들도 마법에서 풀려나듯 편안함을 느끼게 됩니다.

상대가 나에게 화가 난 것은 아니지만 분노에 차있거나 말하는 기세가 너무 강할 때는 그 감정이 내게 쏟아질 수도 있습니다. 그러면 이제 법정 드라마가 나올 차례입니다. 수감자와 변호사가 접견할 때, 두 사람을 가로막는 투명한 아크릴판이 있지요?

상대의 감정이 강할 때는 그 두껍고 투명한 아크릴판을 사이에 둡니다. 물론 마음속에서 상상하는 것뿐이지만 그것만으로도 효과 만점입니다. 상대가 무슨 말을 해도 나는 안전합니다. 상대의 나쁜 에너지를 받을 일은 없습니다.

상대의 페이스에 휘말리지 않는 방법
① '텔레비전 화면을 본다고 상상한다'

상대의 페이스에 휘말리지 않는 방법
② '아크릴판이 있다고 상상한다'

물건을 두어 상대와 선을 긋는다

- 자신과 대화 상대 사이에 벽을 만든다(펜이든 책이든 무엇이든 괜찮다!).
- 대화 상대에게서 몸을 멀찌감치 떨어뜨린다(의자를 뒤로 밀거나 반발 자국 뒤로 물러난다).

상상 속에서만이 아니라 실제 물건을 활용해봅시다. 영업에서는 상담상대와의 심리적 거리를 좁히기 위해 상대와 마주 보고 있을 때 그 사이에 물건을 두지 않는다는 기본 테크닉이 있습니다. 상대와의 사이에 물건이 있으면 심리적 장해물이 됩니다. 이것을 역으로 이용해 봅시다. 상대에게 휘말리고 싶지 않을 때는 상대 앞에 물건을 두는 것입니다.

회의를 한다면 프로젝터 빛이 비추지 않는 곳에 몸을 숨기고 앉거나, 사생활 면에서는 찻주전자나 유리잔을 상대와의 사이에 두는 것입니다. 직장에서 쓰기 편한 것은 펜. 메모를 한 후에 "여기가 당신과 나의 경계선입니다"라고 의식하면서 상대와의 사이에 펜을 두기 바랍니다.

그리고 물리적으로 상대와의 거리감을 조정하는 것도 도움이 됩니다.

상대의 이야기를 계속 듣고 있기가 힘들다면 의자 등받이까지 몸을 바짝 밀착합니다.

이렇게 앉은 채로도 앞뒤로 거리감을 조정할 수 있습니다. 책상에 몸을 쑥 내밀 때와 등받이에 등을 맡겼을 때, 상대와의 거리가 족히 20센티미터는 차이가 납니다. 물론 의자 자체를 뒤로 밀어 거리를 조정할 수도 있습니다. 물리적으로라도 거리가 벌어지면 마음이 훨씬 편해집니다.

이렇게 앉은 위치를 조정하는 건 카운슬러가 사용하는 테크닉이기도 합니다. 상대가 너무 바짝 다가올 때는 밀어내고, 뭔가를 간절히 말해주고 싶을 때는 다가섭니다. 상대와의 거리를 미묘하게 조정함으로써 클라이언트와의 심리적 거리를 조정하는 것입니다.

서서 얘기를 나눌 때는 평소보다 반 보 떨어져서 이야기를 하거나 자료를 가슴에 품고 있는 등, 의식적으로 물건을 두어 상대와 거리를 벌리기 바랍니다.

다른 사람에게 부탁하는 연습

"다른 사람에게 잘 부탁하지 못합니다."

그렇게 말하는 회사원 I 씨. 몸이 왜소한 그녀는 책장 위에 있는 자료에 손이 닿지 않을 때, 근처에 동료가 있어도 직접 의자를 가져와서 자료를 꺼낸다고 합니다. 동료도 자기 일이 있을 텐데 상대의 시간을 빼앗는다고 생각하면 "저 파일을 좀 꺼내줄 수 있을까요?"라는 말이 도저히 나오지 않는다고 합니다.

I 씨처럼 "상대를 생각하면 좀처럼 부탁할 수가 없다"라고 말하는 섬세한 사람이 많습니다. 섬세한 사람은 상대의 상황과 입장을 자연스레 배려해서인지 "도와줘"라는 말을 잘하지 못합니다. 자신이 부탁하지 않으면 오히려 상대가 곤란해진다거나, 몸이 안 좋아서

어떤 일을 육체적으로 감당하지 못할 때와 같이 도저히 부탁하지 않으면 곤란한 순간에만 부탁을 합니다.

활력 있게 살기 위해서는 주변에 부탁하는 것이 아주 중요합니다. 섬세한 사람이 부탁을 잘할 수 있으려면 어떻게 해야 할까요? 그것에 필요한 마음가짐과 단계를 소개합니다.

부탁하기 위한 마음가짐 3가지

마음가짐 1. 일단은 '부탁한다'는 발상을 갖자

여태까지 자력으로 열심히 살아온 섬세한 사람 중에는 혼자서 어떻게든 해내는 것이 당연시되어 애초에 '부탁한다', '누군가에게 상담한다'는 선택지가 머리에 들어있지 않았다고 말하는 사람도 있습니다.

먼저 '다른 사람에게 부탁한다'라는 발상을 갖기 바랍니다.

가령 빨래할 때를 생각해보세요. 손빨래를 할 수 있다고 해도 이제 옷을 전부 손으로 빠는 사람은 없습니다. 그것과 매한가지입니다. 스스로 할 수 있다고 해서 전부 스스로 하려고 하지 말고 다른 사람에게 부탁합니다. 힘들 때만이 아니라 일상적으로 말이죠.

책장에서 파일을 꺼내거나, 이야기를 들어달라는 가벼운 부탁에서부터 업무와 관련된 부탁까지 "이거, 누군가에게 부탁할 수 없을까?" 생각해보시기 바랍니다.

마음가짐 2. 상대의 상황을 추측하지 말고 직접 물어서 확인한다

이 일을 부탁하면 힘들지 않을까. 지금, 비쁘지 않을까…….

상대방의 상황을 배려하는 것은 섬세한 사람의 장점이지만 상대의 상황은 그 사람 자신밖에 알지 못합니다.

혼자 이리저리 상상하기보다 "~~ 해주었으면 좋겠는데 어때?"라고 물어보세요. 그래야 들어줄 수 있는 상황인지 아닌지를 빠르고 확실하게 알 수 있습니다. 자신에게는 큰일처럼 느껴져도 그 사람에게는 별일 아닐 수 있고 바빠 보이지만 의외로 시간이 있다며 혼쾌히 해줄 지도 모릅니다. 상대의 사정을 모르니 직접 물어보는 수밖에 없습니다.

그리고 물을 때는 "무리인 것 같으면 말해줘"라고 한 마디 꼭 덧붙입니다. 부탁을 받아들일지 말지 상대에게 결정권을 주는 것입니다.

마음가짐 3. 상대가 받아주면 믿고 맡긴다

부탁했더니 "알았어"하고 받아주었다. 하지만 역시나 좀 미안하다. 사실은 하기 싫었던 게 아닐까…… 라고 곱씹어 생각하지는 않았습니까? 상대를 지나치게 걱정하는 건 상대의 능력과 판단을 의심하는 행위입니다.

"알았어"라고 말해준 상대의 판단을 존중하고 맡깁시다. "무리라고 생각되면 말해줘"라고 전했고 "알았어"라고 대답한 이상, 이제 그 일은 그 사람의 선택인 것입니다(하지 못할 일을 거절하는 것도 그 사람이 연습해야 하는 과제죠).

사람들에게 부탁하는 2단계

여태까지 다른 사람에게 부탁한 경험이 거의 없는 사람이라면 사소한 부탁도 왠지 주저하게 됩니다. 간단하게 다음의 2단계부터 시작해주세요.

1단계. 확실하게 도와줄 사람에게 부탁해본다

'부탁하는' 것도 연습입니다. 일단 확실하게 도와줄 사람에게 부탁해봅시다.

가령 백화점에서 안내데스크에서 일하는 사람에게 "인테리어 용품은 몇 층인가요?"라고 물어봅니다. 그리고 도움을 받았다면 활짝 웃으며 "고맙습니다. 덕분에 쉽게 찾아갈 수 있겠어요!"라고 말해봅시다.

직장에서도 집에서도 말하기 편한 상대에게 조금씩 부탁해보면 좋습니다.

2단계. 간단한 부탁부터 시작한다

아주 간단한 부탁부터 시작해봅시다. "간장 좀 꺼내줘"라고 부탁해보는 것도 좋겠지요.

곤경에 처한 사람이 심각한 표정으로 도와달라고 부탁하면 거절하기가 쉽지 않습니다. 그런데 섬세한 사람은 이렇게 상대가 거절하지 못할 걸 알면 더욱 더 심리적 부담을 느끼고 부탁하지 못하게 됩니다. 물론 상대가 거절하지 못하니 부담 없이 부탁하면 되잖아? 라고 생각하면 마음은 편하겠지만…… 좋든 나쁘든 다른 사람을 배려하고 이기적으로 굴지 않는 것이 섬세한 사람이니까요.

따라서 섬세한 사람에게 필요한 것은 일단 '별거 아닌 일을 부담 없이 부탁하는' 연습입니다.

작은 일이라도 부탁하여 도움을 받는 경험을 하다 보면 "다른 사람에게 부탁해도 괜찮구나"라고 느끼게 됩니다.

"조금만 부탁해^^"는 섬세한 사람의 인생을 지탱해주는 말입니다. 사소한 일부터 부탁하는 연습을 해보세요. 그러면 누군가와 어느새 큰 고민도 상담할 수 있게 될 것입니다.

'도와주었는데 아무런 보상을 받지 못했다'고 생각이 들면

마음씨가 고와서 곤경에 처한 사람을 보면 그냥 두지 못합니다. 그런 섬세한 사람 중에는 과도하게 도와주다가 문제가 생기는 사람이 있습니다.

회사원 U 씨. 동료가 맡은 일이 힘들어 보여서 도와주었더니 나중에 "당신이 손댄 부분에서 실수가 발견됐어"라며 욕을 먹었다고 합니다.

C 씨 부부는 맞벌이부부입니다. 가사 육아는 분담한다고 하는데, 남편이 일하느라 바빠서 수면부족으로 지내는 모습을 차마 볼 수가 없어서 "내가 할 테니까 좀 더 자" 하고 가사와 육아를 도맡아서 했다고 합니다. 그런데 남편은 수면부족을 털어내기는커녕 점점 더

일에 매진하다 결국 쓰러지고 말았습니다.

"당신이 쓰러질까 봐 혼자 집안일을 다 했는데 이게 뭐야!"라고 노발대발 화를 내는 C 씨. 남편을 생각해서 했던 행동이 빛을 보지 못했어요, 하지만 남편을 돕지 않았더라면 진즉에 과로로 쓰러졌을걸요, 그렇게 되면 곤란한 건 저니까요. 그래서 도와 준건데 의미가 없어졌네요, 앞으로 저는 어떻게 하면 좋을까요, 라고 내게 물었습니다.

이 두 사람의 공통점은 '힘들어 보이는 사람을 좋은 마음으로 도와주었다', '하지만 결국 빛을 보지 못했다'라는 것입니다. 이럴 때는 상대가 힘들어 보여도 도움의 손길을 내밀지 말고 가만히 지켜보는 자세가 필요합니다.

섬세한 사람은 도움의 손길을 내미는 타이밍이 빠르다

섬세한 사람은 상대의 모습과 주변 상황을 자세히 감지하고, 과거의 결과를 참조하면서 "동료가 하는 일을 옆에서 보니 이대로 가다가는 실패하겠구나", "이 상태라면 남편은 감기에 걸릴 거야"라고 미래를 예측합니다. 상대방이 '이대로 가다가는 위험해'라고 자각하기 훨씬 전부터 위험을 알아차리는 것입니다.

빨리 알아차리기 때문에 도와주는 타이밍도 빠릅니다. 하지만 선수를 쳐서 상대를 도와준다고 해서 반드시 좋은 결과가 나오지는 않습니다.

근본적으로 동료는 자신의 힘으로 일을 해낼 필요가 있으며 남편은 자신의 판단으로 업무량을 조정할 필요가 있습니다.

업무스타일을 바꾸거나 사고방식을 바꾸는 등 인간이 뭔가를 근본적으로 바꾼다는 것은 여간 힘든 일이 아닙니다. 에너지가 필요합니다.

스스로 달라져야겠다고 인식하려면 한 번 바닥을 칠 필요가 있습니다. 일하다가 몇 번이나 큰 실수를 하거나 병에 걸려 자리에 눕는 등 정나미가 떨어질 정도로 싫어지는 경험을 해야 비로소 "이 방식으로는 안 돼! 이떻게든 다른 방법을 찾아야겠어!"라는 생가이 드는 것입니다.

참아
참아
자!

도와주는 건
아직 일러!

세심한 사람은 도울 때도 한 박자 빠르다

그런데 섬세한 사람이 상대의 문제를 일찌감치 알아차리고 도와주면 상대는 본인에게 문제가 있다는 걸 깨닫지 못합니다.

걱정된다며 미리 앞서서 도와주면 본인에게 '문제없다' 혹은 '다소 곤란한 정도로만 있다'고 인식하게 됩니다. 바꿔야겠다는 생각을 하지 못해서 같은 문제가 반복해서 생깁니다.

이렇게 도움을 구하기도 전에 미리 도와주는 것은 상대를 돕는 것처럼 보이지만 도리어 같은 문제를 발생하게 합니다.

반자동적으로 상대를 돕고 있지는 않습니까?

"혹시나 해서 묻는데, 상대가 확실히 '도와 달라'고 부탁했습니까?"

지나치게 도와줘서 문제가 생기는 섬세한 사람에게 왜 돕게 되었는지 자초지종을 물었더니 "난감해하는 것 같아서", "힘들어 보여서" 혹은 "이대로 가다가는 고생할 건 나니까"라고 말했습니다.

즉, 명확하게 부탁을 받지 않은 사례가 많았습니다. 부탁을 받았더라도 자신이 "도와줄까?"라고 먼저 손을 내민 경우가 대부분입니다.

이렇듯 실은 너무 도와주는 섬세한 사람은 상대가 '부탁하지도 않았는데 도와주고 있다'는 걸 알아차리지 못합니다. 상대의 어려운 상황 때문에 자연스레 부탁받았다고 생각하게 되지만 실제로는 '부탁을 받지 않은' 일을 하는 셈입니다.

설거지부터 자질구레한 서류업무까지, 누가 해주면 편해지는 일은 한없이 많습니다. 상대가 힘들어 보인다고 해서 '반자동적으로' 도와주다 보면 '부탁받았다'는 명확한 근거가 없는 만큼, 어디서부터 도와주고 어디서부터 도와주지 않아야 하는지 기준이 없이 작은 일부터 큰일까지 계속해서 상대를 도와주게 됩니다.

그리고 그렇게 도와주는 동안에, 상대를 위해 시간을 쓰느라 필연적으로 자기 일은 뒷전으로 밀어두게 됩니다.

아무리 가깝고 소중한 사람이라도 그 사람 일을 도와주느라 자기가 해야 할 일을 뒤로 미루게 되면 점점 더 마음이 불안해집니다. 참고 참던 어느 날 사소한 일을 계기로 "이제 더는 못 참겠어!" 하고 폭발하게 됩니다.

섬세한 사람의 입장에서는 '당신이 힘들어 보여서 도와준' 것이기 때문에 이 불안함은 '당신을 위해 참아왔던' 것이고, 상대가 원인이라고 생각할 수 있습니다. 하지만 상대의 입장에서 보자면 "부탁하지도 않은 일을 멋대로 해놓고 멋대로 화를 내다니. 그렇게 하기 싫었으면 안 하면 될 거 아냐!"라고 느끼게 됩니다.

당신이 움직이는 때는 상대의 부탁을 받고 나서

그러면 대체 어떻게 하면 좋을까요?

우선은 도움의 손길을 내밀지도 조언도 하지 말고 지켜봐야 합니다.

"힘들어 보이는데. 일이 잘 안 풀리나."

"이대로 가다가는 다시 감기 걸릴 텐데."

상대가 같은 문제로 매번 곤란을 느껴도 이쪽에서 먼저 행동에 나서지 않습니다. "일이 잘 안 풀리는 모양인데"라고 상대의 상태를 마음에 담아둔 채로, 도움의 손길을 내밀지 말고 "이렇게 하면 어때?"라고 조언도 하지 말고 묵묵히 자기 일만 하면서 같은 공간에 있는 겁니다.

걱정하는 마음만을 간직한 채 그의 주변에 있다 보면 상대가 먼저 슬쩍슬쩍 고민을 털어놓기 시작합니다.

"최근에 일이 너무 많아. 집안일도 해야 하는데……."

여기서 돕겠다고 나서는 건 너무 이릅니다.

그래, 그렇구나, 라고 그저 잠자코 이야기를 들어줍니다. 상대는 얘기를 털어놓음으로써 생각이 정리되어 도움이 필요한지, 아니면 직접 할 건지 스스로 답을 구하게 됩니다.

"집안일 좀 부탁해도 될까?"

이렇게 분명하게 부탁을 해오면 그때 도와주세요.

돕는 것은 상대에게 말로 확실히 부탁을 받고 나서부터입니다.

그때까지는 도움의 손길을 내밀지도, 조언을 하지도 말고 그저 가만히 곁에서 지켜보기 바랍니다.

마음의 깊이에는 개인차가 있다

"아무리 설명해도 내 말을 이해해주지 않아요."

"말은 주고받지만 표면적으로만 받아들일 뿐…… 어딘가 어긋난 느낌이에요."

섬세한 사람에게 그런 이야기를 들을 때면 '주변 사람과 마음의 깊이가 다르구나'라고 생각하게 됩니다. 섬세한 사람이 느끼는 답답함은 내 말이 전혀 통하지 않아서 생기는 위화감 같은 것입니다.

말이 통하지 않는다. 그런 느낌을 받는 이유는 말을 전하는 방법이 틀려서도 상대가 이해하려는 마음이 없어서도 아닙니다. 그저 마음의 깊이가 달라서인지도 모릅니다.

얼마나 깊게 생각하느냐, 상대의 마음을 얼마나 깊이 헤아릴 수 있느냐, 라는 '마음의 깊이'에는 개인차가 있다고 생각합니다.

세상에는 애초에 깊이 생각하지 않는 사람, 상대의 이야기를 깊게 듣는 감각이 '없는' 사람이 있습니다. 깊이가 없음은 우열이 아니라 키가 크고 작은 것과 마찬가지로 성질이라고 생각해주기 바랍니다.

섬세한 사람은 상대적으로 속이 깊은 편입니다.

같은 깊이로 대화를 나눌 수 있는 사람이 없다는 것은 자기가 한 말이 그대로 받아들여지지 않는다는 뜻입니다. 참 씁쓸한 일이죠. 말이 통하지 않아서 고독하다고 느낀다면 자신과 같은 깊이를 가진 사람을 직접 찾아 나서기를 바랍니다.

여러분이 털어놓은 속 깊은 말을 있는 그대로 받아주는 사람, 여러분을 깊이 이해해주는 사람, 그런 사람과 만나보세요. 그렇게 진실한 교류를 하다보면 마음이 관대해져서 깊이가 없는 사람들과도 어쩌면 따뜻한 교류를 할 수 있을지 모릅니다.

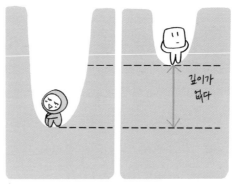

깊이가 있는 사람이 있는 반면 깊이가 없는 사람도 있다

마음의 깊이는 제각각

'섬세한 친구'를 발견하는 방법

"섬세한 친구가 필요해요."

"서로 공감할 수 있는 상대를 찾고 싶어요."

섬세한 사람에게 그런 바람을 들은 적이 있습니다. 세상 사람들 다섯 명 중의 한 명은 섬세한 사람이라고 하는데 회사 안에서는 '아무렇지도 않은 척'하거나 섬세함을 봉인하는 바람에 스스로 '섬세하다'는 자각을 하지 못하는 사람도 있습니다. 스트레스 내성을 강하게 요구하는 풍토의 회사에서 스트레스에 강한 사람을 원한다면 섬세한 사람을 찾기가 더 어려울지도 모릅니다.

하지만 괜찮습니다.

섬세한 사람은 전 세계에 많이 있습니다. 자신과 비슷한 감각을 가진 사람이나 공감할 수 있는 사람은 반드시 있습니다.

그러면 친구를 찾기 위해 구체적으로 어떻게 하면 좋을까요? 간단히 나눠보자면 직접 찾으러 나서거나, 섬세한 사람에게 발견이 되거나의 두 가지 방법이 있습니다.

어느 쪽이 더 나은지는 사람에 따라 다릅니다. 자기가 나서서 찾으러 다니는 편이 만날 확률이 높은 사람도 있고 발견되는 쪽이 나은 사람도 있습니다.

자기가 나서서 찾으러 가는 방법

다양한 장소에 가거나 체험하는 것을 좋아하는 사람은 찾으러 가는 걸 추천합니다.

식당, 바, 카페, 잡화점 등등 "왠지 좋은데"라고 생각이 드는 가게가 있으면 다녀봅시다. 획일적인 분위기에 점원이 수시로 바뀌는 체인점보다 주인의 분위기와 생각이 반영된 개인이 경영하는 조그만 상점을 추천합니다.

여러 번 다니는 동안에 얼굴을 익히게 되고, 그곳에서 일하는 사람들과 대화를 주고받게 되면 공감할 수 있는 상대를 발견할지도 모릅니다.

마음에 드는 가게에서 마음에 맞는 친구를 만날 수 있다

규정이 느슨한 모임에 참가하는 것도 한 방법입니다.

섬세한 사람에게 취미가 뭐냐고 물으면 그림, 노래, 연극, 하이쿠(俳句, 일본의 시 형식 가운데 하나로 5·7·5의 17자로 된 짧은 시 - 옮긴이)와 같은 예술 계열부터 요가와 등산, 서핑과 같은 운동 계열까지 실로 다채로운 대답이 나옵니다. 섬세한 사람은 정말로 어디에나 있다고 생각됩니다.

섬세한 사람과 만날 거면 다양한 행사 중에서도 심리학 강좌, 약선이나 한방 이야기모임, 몸을 다스리는 강좌, 철학 카페, 요가 등 몸과 마음에 관해 배우는 장소에서 만날 확률이 높을 것입니다. 그림교실이나 극단, 관악합주 서클과 같이 자신의 내면을 표현하는 곳에도 섬세한 사람이 자주 등장합니다.

초심자라도 참석할 수 있는 행사는 많이 있으니 부디 참여해보기 바랍니다.

마음에 맞는 사람을 찾았다면 꼭 그 주변을 둘러보시기 바랍니다. 유유상종(類類相從)이라는 말이 있습니다. 마음에 드는 상대의 주변에는 자신과 마찬가지로 그 사람에게 끌리는 사람들, 즉 자신의 감성과 가치관, 라이프스타일이 비슷한 사람이 모입니다.

트위터와 블로그, 페이스북과 같은 SNS에 연결된 친구 관계는 물론, 댓글을 다는 사람의 블로그를 따라가서 읽어보면 고구마 줄기 엮듯이 자신의 성향과 잘 맞는 사람을 찾을 수 있을 겁니다.

지금 소개한 건 하나의 예이지만 어쨌거나 공통적으로 말할 수 있는 것은 "'여기 좋은데'라고 느끼는 장소를 다니면 비슷한 사람들과 만날 수 있다"는 점입니다.

그리고 핵심은 자주 다니는 것입니다.

왠지 모르지만 괜찮다 싶으면 그 '좋은 느낌'을 놓치지 않기 위해 한 번만이 아니라 두 번 세 번 그곳에 가보기 바랍니다. 자연히 친구가 늘어날 것입니다.

친구에게 발견되는 방법

집에서 빈둥거리는 걸 좋아한다. 혼자 있는 게 좋지만 때로는 사람들과 교류하고 싶다. 그런 사람에게는 '자신을 선전하여 알리는' 방법을 추천합니다. '내가 좋아하는 것', '생각한 것', '느낀 것'을 SNS에 올리는 겁니다.

상대편 상황이 어떤지 고려하지 않고 자신의 페이스를 유지하며 할 수 있는 것이 인터넷의 장점입니다. 보고 싶을 때 보고 피곤하면 닫는다. 자신의 페이스를 유지할 수 있고 나아가 한 번만 만나서는 좀처럼 털어놓을 수 없는 마음속 깊은 곳까지 알릴 수 있다는 점에서 SNS는 섬세한 사람과 궁합이 좋은 홍보 도구입니다.

공감할 수 있는 사람이 자신을 발견하게 하려면 주변에 맞춘 글이나 영상을 올릴 게 아니라 스스로 '좋다!'고 생각했던 것, 진심에서 우러나오는 결과물을 올리세요. 심리학에 대한 고찰이든, 길가다 찍은 꽃 사진이든 좋아하는 아티스트의 작품이든, 내용은 무엇이든 상관없습니다. 어쨌든 '내가 좋아하는 것', '스스로 생각한 것', '느낀 것'을 글과 그림, 사진으로 알리는 겁니다.

일상 속에서 무엇을 생각하고 무엇을 느끼는지는 저마다 다릅니다. 좋아하는 것과 느낀 것을 글로 표현하는 것은 즉, 자기 자체를 표현하는 일입니다. 그 표현을 보고 연결된 사람은 여러분의 생각과 감성에 이끌린 사람입니다. 자신이 좋아하는 것이나 느낀 바를 SNS 상에 올리면 가치관이 맞고 공감할 수 있는 상대가 여러분을 쉽게 찾아내게 될 것입니다.

그리고 나의 글이나 사진을 보고 '괜찮다'라고 생각하는 상대가 있으면 그 사람의 블로그나 트위터에 댓글을 쓰거나 리트윗을 하는 등 적극적으로 반응해보세요. 자신이 올린 글이나 사진에 누군가 반응을 하면 대개의 사람은 기뻐할 것입니다.

두 번, 세 번 반응을 거듭하면 상대도 '이 사람이다'라고 인식하게 되고, 서로의 글을 읽으면서 자연스럽게 교류가 시작될 것입니다.

SNS에서 활동하며 나를 알리자

'섬세한 사람과 섬세하지 않은 사람'
파트너십을 맺는 비결

이 장에서는 파트너십을 맺는 비결에 대해 설명하겠습니다.

연애 파트너는 물론이고 가족이나 함께 사는 친구와 같이 많은 시간을 함께 보내는 사람에게 해당하는 비결입니다.

상대가 섬세한 사람인지, 섬세하지 않은 사람인지에 따라 포인트가 크게 달라지는데 지금부터 하나씩 살펴보겠습니다.

먼저 섬세한 사람과 섬세하지 않은 사람 간의 파트너십입니다. 섬세한 사람의 파트너가 섬세하지 않은 사람이라면 "그 사람은 정말로 예민한 구석이 하나도 없어서 이쪽이 특별히 배려하지 않아도 됩니다. 그래서 함께 있으면 마음이 편안하죠"라고 섬세하지 않은 파트너의 장점을 말해줍니다.

한편, '내 마음을 좀체 알아주지 않는다'고 한탄하는 사람도 있습니다.

섬세하지 않은 사람과 커뮤니케이션할 때는 자신의 감각과는 차이가 있다는 걸 꼭 알아두어야 합니다. 섬세한 사람과 섬세하지 않은 사람의 차이를 알면 "몇 번을 말해도 내 뜻이 통하지 않는다", "둘 다 나쁘지 않은데 뭔가 잘 안 맞는다"라며 두 사람 사이가 엇갈리는 결과를 막을 수 있습니다.

인간은 각자 가치관과 사고방식이 다르다고 하는데, 섬세한 사람과 섬세하지 않은 사람은 가치관과 사고방식의 토대가 되는 '감각 자체'가 다릅니다. 몸이 피곤할 때나 기쁨, 슬픔을 느낄 때, 느끼는 강도가 전혀 다른 것입니다.

섬세하지 않은 사람과 섬세한 사람이 함께 밖에 나갔다고 합니다. 혼잡한 인파 속을 걸어 영화를 보러 가고 만원 전철을 타고 돌아옵니다.

섬세하지 않은 사람이 혼잡한 전철 안에서 가벼운 피로를 느끼는 정도라면, 섬세한 사람은 "너무, 너무, 너무 지쳤어. 녹초가 되어 한 발자국도 움직이고 싶지 않아. 지금 당장 자리에 눕고 싶어. 이대로라면 내일 하루는 아무것도 하지 못할지도 몰라"라고 느끼는 식입니다.

감각을 '이해받기'는 어렵다. 이쪽에서 바라는 것을 알려주자

섬세한 사람과 섬세하지 않은 사람은 감성 면에서 전혀 달라 섬세한 사람이 아무리 "알아달라", "눈치채달라"고 호소해봤자 섬세하지 않은 사람이 '알아차리기', '눈치채기'란 불가능합니다. 섬세한 사람의 호소는 섬세하지 않은 사람에게는 '등에 날개가 돋아서 아프다'라는 터무니없는 소리를 하는 것이나 다름없습니다. 다시 말해, 섬세하지 않은 사람에게 없는 것(섬세한 감각)을 "알아 달라"고 요구해봤자 무리인 것입니다.

섬세하지 않은 사람과 원활한 커뮤니케이션을 하기 위해서는 자신의 감각을 알아주기를 바라지 말고 이쪽에서 해주었으면 하는 것을 분명하게 말해야 합니다.

가령 "얼마 동안 혼자서 천천히 생각할 시간을 갖고 싶으니까 방에서 나올 때까지 부르지 말아줘", "지칠 때는 방에 혼자 있곤 해. 기운을 차리면 나올 테니까 너무 걱정하지 마", "차분히 있고 싶은데 불 좀 꺼줄래?"라고 말입니다.

텔레비전 소리와 스마트폰 빛 - 거슬리는 걸 기분 나쁘지 않게 잘 전하는 방법

섬세하지 않은 사람은 섬세한 사람의 감각을 '알지' 못합니다.

그럼에도 상대가 좀 알아주었으면 하고 바랄 때가 있습니다. 그럴 때는 '비유'해서 설명해보세요.

가령 자기 방에 있는데도 거실에서 텔레비전 소리가 들려서 거슬릴 때.

"텔레비전 소리가 거슬리니까, 소리 좀 줄여줘"라고 말해도 "뭐? 나는 괜찮은데?"라고 넘겨 버립니다. 그럴 때는 "거실에 있는 텔레비전 소리가 거슬려. 나한테 텔레비전 소리는 집 앞을 대형 트럭이 쉴 새 없이 달리는 것 같은 느낌이야"라고 비유해서 말하는 겁니다.

남편이 침실에 스마트폰을 들고 오는 것이 신경 쓰인다는 I 씨. 옆에서 남편이 스마트폰을 만지면 빛이 새어나와 눈이 말똥말똥해집니다. 몇 번이나 말해도 그만두지를 않아서 "잘 때 스마트폰이 켜져 있으면 나에겐 조명을 전부 켜고 있는 것처럼 눈부셔"라고 말했더니 그제야 침실에 갖고 들어오지 않게 되었다고 합니다.

또 섬세한 사람 중에는 부부끼리 같은 직장에서 일하는 경우도 있습니다. 섬세한 성격의 부인이 "하루 종일 일했더니 지쳤어"라고 남편에게 말하면 남편도 같은 일을 하고 있어서 "뭐 하느라고 그렇게 지쳤대?"라고 반응한다고 합니다.

그럴 때는 "얼마 전에 당신도 종일 찾아오는 고객 상대하랴, 회의하랴 녹초가 되어 돌아왔잖아. 나에겐 하루하루가 그 정도로 힘들어"라고 상대에게 말해주세요.

물론, 여러분도 상대의 감각을 잘 모를 테니 자신의 감각을 설명할 때는 "상대에게는 거의 이 정도의 느낌이겠지"라고 대략적으로 가늠해서 말하면 됩니다.

　자신의 상태를 알릴 때는 이렇게 상대의 입장에서 비유해 설명해 보기 바랍니다.

'섬세한 사람과 섬세한 사람' 파트너십을 맺는 비결

이어서 '섬세한 사람 × 섬세한 사람'의 패턴을 설명하겠습니다.

섬세한 사람끼리라면 상대의 상태를 서로 읽어낼 수 있습니다. 상대가 피곤해 보인다면 방 조명을 끄고, "잠깐 쉴래?"라고 제안하는 등 서로를 이해해주는 좋은 점이 있습니다. 하지만 상대의 감정을 잘 느끼는 섬세한 사람끼리라서 주의해야 할 점도 있습니다.

섬세한 분야는 사람에 따라 다르다

어느 분야에서 섬세한지는 섬세한 사람끼리라도 다릅니다. 가령 A 씨는 방 배치를 바꾸는 걸 좋아하지만 B 씨는 방 배치를 바꾸고 나면 마음이 안정되기까지 시간이 걸립니다.

똑같이 섬세한 사람이라도 저마다 더 예민하게 느끼는 부분이 다릅니다. 그러다 보니 예민하게 반응하는 모습을 보고 무심결에 "왜 저렇게 신경을 쓸까?"라고 생각하기도 합니다('방 배치 좀 바꿨기로서니 왜 저렇게 싫어하는 걸까? 소파를 살짝 움직인 것뿐이건만' 등등). 평소에 서로 예민한 것과 그렇지 않은 것에 대해 미리 말해두면 좋겠지요.

	A 씨	B 씨
방 배치 바꾸기	○	✕
새로운 인간관계	△	○
소리	✕	✕
빛	○	○
•	•	•
•	•	•
•	•	•

섬세한 분야는 저마다 다르다

'우울함의 악순환'에 빠지지 않도록 주의한다

섬세한 사람은 함께 있으면 상대의 영향을 쉬이 받습니다. 상대가 즐거우면 자신도 즐겁고! 상대에게 여유가 없으면 자신도 여유 없이 행동합니다. 그런 경험이 있는 사람이 제법 많지 않을까 생각합니다.

두 사람 모두 섬세한 사람이라면 서로 상대에게 영향을 받아서 '기분의 상승효과'가 일어납니다. 즐거울 때는 괜찮지만 우울함의 악순환에 빠지지 않게 주의합니다.

나와 남편은 둘 다 섬세한 편입니다. 어느 날, 남편이 나를 보더니 "기운이 없어 보이네"라고 말했습니다.

"어? 기운이 없어 보이나. 그래?" 하고 왜 그런지 이유를 찾는 사이에 정말로 기분이 가라앉는 느낌이 들었습니다. 하지만 나한테는 우울해질 이유가 없는데……. 아무래도 우울한 사람은 남편이고, 나는 남편의 기분에 끌려 들어가는 느낌이었습니다.

"우울한 것은 당신이야. 나는 당신 기분에 끌려 들어간 것 같아."

우울해하는 남편을 보면서 내 기분도 따라서 우울해졌는데, 그런 나를 보고 남편의 기분이 더욱 우울해지면서 우울함의 악순환이 일어난 겁니다.

이 악순환이 늘 일어나는 일은 아니지만 몸이 약해지는 환절기나 이사하느라 분주히 움직여야 해서 둘 다 스트레스 지수가 높아질 때는 특별히 주의가 필요합니다.

왠지 모르게 우울하다 싶으면 "혹시 저 사람한테 영향을 받았나?", "우울함의 악순환에 빠졌는지도 몰라"라고 의심해보기 바랍니다. "상대의 기분에 끌려 들어갔다"는 걸 알았다면 잠시 방에 들어가 시간을 보내거나, 둘 중 아직 기운이 남아 있는 사람이 상대를 보살피는 등의 대책을 세울 수 있습니다.

'거절하는 연습'을 하면 신뢰관계가 깊어진다

섬세한 사람을 파트너로 둔 섬세한 사람이 자주 토로하는 고민이 있습니다. "상대에게 부탁하지 못한다"는 것입니다. 서로 상대를 배려한 나머지, "부탁하면 무리해서라도 해주려는 걸 알고 있어요. 그래서 더 부탁하지 못하겠어요"라고 말합니다.

하지만 부탁하지 않고 사는 게 의외로 더 불편합니다. 사실은 부탁해서 도움을 받을 수 있는 건 도움을 받고, 도와줄 수가 없다고 한다면 흔쾌히 받아들이면 됩니다. 반대로 도와주는 입장에서도 도와줄 수 있는 건 흔쾌히 도와주고 그렇지 못할 때는 거절한다면 서로에게 편하겠지요.

부탁하기 힘들다고 말하는 섬세한 사람들에게는 "부디 둘이서 '거절하는 연습'을 해보세요"라고 권합니다.

그리고 두 사람이 약속하는 겁니다. "도와주기 힘들 때는 '안 된다'고 말하자. 거절당한 쪽에서도 내가 싫어서 거절당한 게 아니니 낙담하지 말자"라고.

실제로 어떤 일을 부탁할 때는 "이걸 해줬으면 하는데 어때? 힘들면 말해줘"라고 상대에게 판단을 맡깁니다.

위와 같은 약속을 했다고 해도 막상 거절을 하게 되면 가슴이 떨릴지도 모릅니다. 그런 경우 '거절할 때는 카카오톡으로 이와 같은 이모티콘을 보낸다', '손으로 ×표시를 한다' 등의 사인을 정해두면 말로 거절하기 힘들 때도 자신의 뜻을 부담 없이 알릴 수 있습니다.

한 번에 완벽하게 해내지 못해도 괜찮으니 서로 의논하면서 천천히 거절하는 언습을 해보기 바랍니다. 물론 부탁한 사람도 "어려우면 말해줘"라고 말한 이상, 상대가 "미안, 들어주기 힘들 것 같아"라고 거절한다면 이를 흔쾌히 받아들이기 바랍니다.

못하겠으면 못하겠다고 거절하면 됩니다.

못하겠으면 못하겠다고 거절해야 이쪽에서도 가벼운 마음으로 부탁할 수 있습니다.

서로에게 '안 돼'라고 말할 수 있으면 과도한 배려를 하지 않아도 됩니다. 이 효과는 단순히 마음이 편해지는 것에 그치지 않습니다. 어려운 일이 생겼을 때, 부탁하는 쪽에서는 선뜻 도와달라고 부탁할 수 있고 부탁을 들어주는 쪽에서도 거리낄 것 없이 안 된다고 거절할 수 있다는 건, 서로의 신뢰가 밑바탕에 깔려 있기에 가능한 것입니다. 그렇기에 에둘러 말하지 않고 솔직하게 말할 수 있는 것이겠지요. 이것은 장차 더욱 강한 신뢰관계로 이어집니다.

섬세한 사람끼리도 말로 알려주자

섬세한 사람끼리라면 이심전심, 무엇이든 말하지 않아도 잘 통하느냐고 묻는다면 그렇지는 않습니다.

부부가 둘 다 섬세한 경우에 "어련히 알아차리겠지, 라고 생각했을 때는 싸움이 잦았어요. 하지만 말로 알려주고 나서는 점점 사이가 좋아졌어요"라고 말합니다.

아무리 섬세한 사람끼리 살아도 입을 다물고 있으면 자신의 생각이나 의사가 상대방에게 전해지지 않습니다. 기분이나 상황을 말로 전해주지 않으면 안 됩니다.

　섬세한 사람 × 섬세한 사람이든, 섬세한 사람 × 섬세하지 않은 사람이든 '말로 알려주는 것', '서로 의논하는 것'은 중요합니다.

자신이 있을 곳을 자기 안에 만든다

카운슬링을 하다 보면 "어디에도 제가 있을 곳은 없어요"라고 말하는 사람을 봅니다.

있을 곳이 없다. 그건 사실 자기 안에 있을 곳이 없다는 뜻입니다.

다섯 명 중에 한 명이 섬세한 사람이라고 하면, 섬세한 사람은 세상 전체에서 소수파에 해당합니다. 같은 감각을 지닌 사람이 적은 만큼, 아무래도 상대에게 깊이 이해를 받지 못하는 경향이 있습니다.

아무도 알아주지 않아서 심하게 외로움을 느끼다가 자신의 감각과 기분을 이해해주는 사람이 나타나면, '내 모든 걸 알아주기 바라! 모든 걸 받아주길 바라!'라며 상대 안에서 자신이 있을 곳을 찾게 됩니다.

하지만 한 번쯤 생각해봤으면 합니다. 인간에게는 아주 다채로운 면과 감정이 있습니다. 누군가의 감정과 사고와 과거를 자기 안에 모조리 집어넣을 수 없듯이 상대 안에 자신의 모든 걸 집어넣을 수는 없습니다.

자신이 있을 곳은 자기 안에 만들어야 합니다.

어떤 힘든 일이 생기면 "나는 이래서 안 돼"라고 탓하기보다 "아 힘들어. 여태까지 참 열심히 살아왔구나" 하고 위로하고 달래줍니다.

자기 안에 자신이 있을 곳을 만들고 자기편이 되어주세요.

그것이 다른 사람과 따뜻한 관계를 맺기 위해 가장 필요한 일입니다.

지금까지 인간관계에 관한 요령을 설명했는데, 앞에서 언급한 내용들을 부디 잊지 말기를 바랍니다.

자신의 감각을 긍정하고 공감해주는 사람들과 연결된다

섬세한 감성을 가진 30대의 N 씨. 좋아하는 것을 주변 사람과 나누고 싶은 기분이 있는 반면에 "나에 대해 말해봤자 다들 이해해줄까"라며 포기하는 마음도 있었다고 합니다.

가령 중학생 시절, N 씨가 좋아했던 연예인은 대중에게 잘 알려지지 않은 실력파 아티스트였습니다. 반 친구가 아이돌에 관해 신나게 떠들면 분위기상 "맞아 맞아, 좋지!"라고 해야 하는데, 차마 그 말이 입에서 나오지 않았습니다. 그런 사소한 일이 쌓이고 쌓이면서 언젠가부터 "내가 생각하는 건 어딘가 이상한가 봐"라고 생각하게 되었다고 합니다.

그런 N 씨에게 "본인이 느끼는 감정이 이상하다고 생각하지 않아도 돼요"라고 말해주었습니다.

"N 씨와 같은 감성을 가진 사람이 어딘가에 반드시 있어요. 한 명을 찾으면 두 사람, 세 사람 쭉쭉 나오게 될 거예요."

그런 말을 듣고 N 씨는 좋아하는 아티스트의 CD를 차에서 틀었을 때, "이거 누구예요?"라고 관심을 가져준 사람이 있었던 기억이 났다고 합니다.

"내가 느낀 감정이 나한테는 정답이었어."

자신의 감각을 믿기 시작한 N 씨는 매일 느낀 감상을 SNS에 써서 올리기 시작했습니다. 일에 대한 생각이나 해가 잘 드는 창가에서 먹는 아침 식사, 섬세한 감각에 대하여……. 느낀 것을 자신의 말로 공들여 표현하는 사이에 SNS를 통해 공감해주는 사람이 속속 나타났고 교류가 시작되었습니다.

자신의 감각을 긍정함에 따라서 N 씨는 주변 사람에게 좌우되지 않게 되었습니다. 직장과 취미동아리 등 이전에는 툭하면 긴장했던 집단 속에서도 편안하게 있게 되었을 뿐만 아니라 공감할 수 있는 친구가 생기고 동반자를 만나는 등 이전에는 상상하지 못할 정도로 많은 사람들과 연결되면서 자신의 세계가 몰라보게 넓어졌습니다.

4장

어깨의
힘을 빼고
느긋하고
맘 편하게
일하는 기술

섬세한 사람이 일로 소모하는 것은
몸보다는 '머리'

일하느라 녹초가 되어 휴일에는 오로지 잠으로 체력을 회복합니다.

그걸 당연하게 생각하고 있지는 않습니까?

그런 섬세한 사람에게 반드시 하는 질문이 있습니다.

"피곤한 건 몸이 아니라 머리가 아닌가요?"

그렇게 물으면 대개 "맞아요!" 하고 대답합니다.

일의 절차나 메일 답신, 상사의 지시가 머리에서 떠나지 않습니다. "다음에는 이렇게 하자", "월요일에 출근하면 그 사람에게 메일을 보내고……"라고 앞으로 해야 할 일을 미리 머릿속으로 계획하거나, 과거에 했던 일에 관해 "이렇게 했더라면 어떻게 되었을까"라고 여러 가지 변수를 고려해보는 등 늘 생각으로 머리가 꽉 차서 휴일에도 일 생각이 미리에서 떠나지 않는다고 말하는 사람도 적시 않습니다.

또한 직장에서 늘 긴장을 하며 일을 하느라 "간단한 일을 해도 하루가 끝나면 녹초가 돼요"라고 말하는 사람도 있습니다.

이런 '생각 피로'나 '긴장 피로'가 있으면 신경이 쉬지를 못하니 피로가 풀리지 않게 됩니다. 그런데 사실 그 배경에는 '불안'이라는 것이 자리 잡고 있기 때문인 경우가 많습니다.

이 장에서는 섬세한 사람이 긴장하지 않고 편안하고 느긋하게 일할 수 있는 기술을 소개합니다. 그 최대의 핵심은 안도감을 늘림으로써 이 '생각 피로'와 '긴장 피로'를 줄이는 것입니다.

그러면 섬세한 사람이 일을 하면서 스트레스받기 쉬운 순간과 상황을 각각 살펴보고 그것을 피하는 방법도 알아보도록 하겠습니다.

멀티태스킹이 가능한 심플한 습관

맨 처음으로 말하고 싶은 것은 여러 가지 일이 동시에 겹치면 불안해지는 상태입니다.

서류를 작성하고 있으면 문의전화가 울려서 작업이 중단됩니다. 전화를 끊고 다시 서류작업을 하려고 하면 미팅 시간이 되어 다시 일이 추가됩니다…….

섬세한 사람은 멀티태스킹을 잘하지 못하는 경향이 있습니다. "이것도 해달라 저것도 해달라며 한꺼번에 여러 일을 부탁받으면 당황해서 어쩔 줄을 모릅니다"라고 말하는 사람도 있습니다.

섬세한 사람은 다양한 감정을 느끼고 깊이 생각하면서 일을 합니다. 일 하나하나에 집중하여 꼼꼼하게 마무리하는 것이 장기입니다.

한편 멀티태스킹은 넓고 얕게 전체를 바라보며 (의식이 향하는) 대상을 빠르게 바꿔가며 일을 하는 스타일입니다. 섬세한 사람의 일하는 스타일과는 정반대인 셈이죠.

그래도 조직에 속해있으면 여러 개의 일을 맡아서 하지 않을 수가 없습니다. 이럴 때 섬세한 사람은 어떻게 하면 좋을까요?

"하나씩 해치우자!" 자신의 장기를 발휘한다

이 일도 해달라, 저 일도 해달라 한꺼번에 여러 가지 일을 부탁받으면 불안하고 초조해집니다. 일이 산더미 같이 쌓입니다.

그럴 때는 "하나씩 해치우자!"를 모토로 합니다.

에게, 그게 다에요? 라고 생각할지도 모릅니다.

하지만 이렇게 당연한 것이야말로 가장 착실하게 일을 해낼 수 있는 방법입니다. 그런데도 잊기 쉽지요.

일이 밀려들면 "이 일도 해야 하고 저 일도 해야 돼"라며 머릿속에서 생각이 춤을 춰서 눈앞의 일에 집중하지 못합니다. 그러면 괜스레 당황하게 되지요. 그럴 때 "하나씩 해치우자!"라고 모토를 외치면 당장 해야 할 일과는 관계가 없는 생각을 머릿속에서 떨쳐내는 효과를 얻을 수 있습니다.

그리고 섬세한 사람은 원래 하나씩 일을 해내는 것이 장기입니다. 그래서 "하나씩 해치우자!"라는 구호는 섬세한 사람이 자신의 업무

스타일로 머릿속을 전환하는 마법의 주문이기도 합니다.

아무리 일이 많아도 실제로 움직일 수 있는 손은 누구나 하나뿐입니다. 심호흡을 하고 하나씩 일을 처리해갑시다.

우선순위를 정하기보다 중요한 일을 하나만 고른다

이 일 저 일 해야 할 일이 많을 때, 흔히들 "우선순위를 정하라"라고 말합니다. 물론 우선순위를 정해서 잘 해내는 사람이라면 딱히 문제가 될 게 없습니다!

다만 우선순위를 정하지 못하는 사람이라면 무리하지 않는 편이 좋습니다.

섬세한 사람 중에는 '우선순위를 정하려다 점점 혼란에 빠지는' 사람도 있기 때문입니다.

각각의 일의 절차를 머릿속에 그리고 어떤 순서대로 일하면 좋을지 신중히 생각합니다. 그 사이, 다음 일이 날아듭니다. 그러면 최선이라고 생각했던 순서가 틀어져 버립니다. 그러면 또다시 생각에 잠기고……. 생각이 깊은 섬세한 사람에게는 우선순위를 정하는 것 또한 '일'이 되어 버립니다.

그럴 때는 중요한 일을 하나만 고르라고 추천하고 싶습니다.

전부 순서를 정하지 않아도 되니 오늘 반드시 해야 하는 중요한 일을 하나만 고릅니다. 그리고 그 일을 합니다. 전화나 메일, 회의로 도중에 끊겨도 바로 다시 그 일로 돌아가서 마칠 때까지 혹은 언제쯤 끝나겠다는 전망이 보일 때까지 계속합니다.

그리고 일을 마치면 다시 중요한 일을 하나 또 골라서 시작합니다. 이런 식으로 일을 계속 쭉쭉 해나갑니다.

마지막까지 선택되지 않은 일은 시간이 지남에 따라 굳이 할 필요가 없어지는 경우도 종종 있습니다. 업무를 선택해서 함으로써 일이 줄어드는 효과도 얻게 되는 겁니다.

중요한 일을 선택하여 하나씩 처리해나가면 일을 확실하게 해치울 수 있습니다.

만약에 이 방법으로 해도 일이 끝나지 않으면 그건 본인이 할 수 있는 업무량을 초과했다는 뜻입니다.

그럴 때는 상사에게 일이 너무 많으니 하지 않아도 되는 일을 정해달라고 요청하거나 동료에게 도와달라고 부탁하는 등 다른 사람의 힘을 빌려야 합니다. 혼자서 전부 해내려고 하지 말고 주변 사람에게 상담해보기 바랍니다.

'섬세한 사람은 일을 느리게 한다'고 하는데 사실일까?

"제가 하는 일에 자신이 없어요. 일을 하나하나 하는 데 시간이 오래 걸립니다."

그렇게 말하는 제조업체에 근무하는 S 씨. 상품에 쓰이는 여러 종류의 부품을 구매하는 것이 그녀의 일입니다. 그래서 상품을 생산하는 공장과 영업, 거래처에서 수많은 관계자와 연락을 주고받으면서 일을 한다고 합니다.

메일을 보낼 때는 '이런 걸 궁금해하겠지? 그럼 미리 알려주는 편이 낫겠다' 싶은 내용이나 주의사항도 꼼꼼하게 적습니다. 그러다 보니 메일 한 통 보내는 데도 시간이 아주 많이 걸린다고 합니다.

'일이 느리다'는 생각에 섬세한 사람은 고민에 빠집니다.

여기에는 크게 나눠 두 가지 이유가 있습니다.

첫 번째는 부서의 분위기에 휩쓸려서 자신까지 마음이 조급해지기 때문입니다.

직장이 바쁘게 일하는 분위기라면 섬세한 사람은 어느새 이를 감지하고 필요 이상으로 "더 빠르게! 더 효율적으로!" 일하자고 스스로를 채찍질하게 됩니다.

두 번째는 리스크 대처에 시간이 필요하기 때문입니다.

섬세한 사람은 '이 정보도 필요할까?', '이렇게 하는 게 좋겠다'라는 개선점에서부터 '이걸 해놓지 않으면 나중에 곤란해지겠지'라고 하는 미래의 리스크까지 수없이 많은 '미리 해놓으면 좋은 일들'을 재빠르게 알아차립니다.

섬세한 사람이 보기에는 일을 마무리하기까지 수많은 함정, 넘어야 할 리스크가 도사리고 있습니다. 그런데 그 리스크에 미리 대응하려고 하다 보면, 리스크는 아랑곳하지 않고 앞만 보고 달리는 동료와 비교하여 시간이 걸리는 것입니다.

이 섬세한 사람의 일하는 스타일은 결코 '느리다'고 할 수 없습니다. 다시 손댈 일이 거의 없거니와 깊이 생각하는 덕분에 다른 사람이 깨닫지 못한 효율적인 방법을 고안해내는 등 종합적으로 보면 동료들과 속도가 같거나 때로는 더 빠르기 때문입니다.

**섬세한 사람과 섬세하지 않은 사람의
리스크에 대처하는 모습**

'나는 일을 느리게 하는가' 확인해보았다

저도 제조업체에서 상품개발을 하던 회사원 시절에는 '일을 느리게 한다'고 생각했었습니다.

실험 하나를 해도 후배는 착착 진행하고 선배는 요점을 간추려서 단시간에 쓱싹 해치웁니다. 그에 비하면 오차가 나지 않는 조건을 공들여 세팅하고 측정기의 노이즈를 제거하고……, 하나하나 준비를 끝내지 않으면 착수하지 못하는 저는 일이 참 느리다고 느꼈던 것입니다.

일이 느리니까 더 열심히 해야 한다고 몰아붙였습니다. 이런 생각이 휴직을 하게 된 원인의 하나라고 생각합니다.

휴직을 마치고 회사에 복직한 후, 조심스레 동료에게 물었습니다.

"내 생각에 나는 일을 좀 느리게 하는 것 같은데…… 옆에서 보기에는 어때?"

동료는 고개를 갸웃하더니 "참 이상해"라고 말했습니다.

"동작도 그렇고 일하는 모습은 아주 느긋해 보이는데 베테랑에 못지않은 결과를 내니까 신기하단 말이야."

그 말을 듣고 저는 눈이 번쩍 뜨였습니다.

당시에는 매일 야근하고 긴 연휴에도 쉬기는커녕 바쁘게 일했습니다. 끊임없이 밀려드는 일을 해내느라 뒤를 돌아볼 여유도 없었습니다. "잘한다"는 상사의 말도 곧이곧대로 받아들이지 못했습니다.

내가 일을 느리게 하는 건 아닐까? 라는 생각이 들수록 확인하기를 두려워 말고 꼭 한 번 체크해보기 바랍니다.

신중해서 큰 실수를 하지 않고 다시 손댈 필요가 거의 없어서 결과적으로 일이 원활하게 진행됩니다. 그리고 눈에 띄지는 않지만 확실히 성과로 이어집니다.

동료와 상사가 "잘하고 있어"라고 말해주면 "그냥 말만 그렇게 하는 게 아닐까?"라고 의심하지 말고 "그런가, 잘 만들었나 보구나", "내가 생각한 것보다 잘 했나 보다"라고 있는 그대로 받아들이세요.

늘 나만 바쁜 것 같은 상황에서 탈출하려면

앞으로 섬세한 사람이 일할 때 갖추었으면 하는 아주 중요한 습관을 알려드립니다.

"동료를 뒷받침하다 보면 힘든 일이 나에게 몰리게 되어요."

"모두가 바빠 보이고 일손도 부족한 탓에 제가 밤늦게까지 했어요."

이렇듯 직장에서 섬세한 사람의 '최대의 고민'은 왠지 모르게 늘 바쁘다는 겁니다. 그중에는 '조금 더 시간적 여유를 갖고 싶어서 전직한 직장인데 어떤 업무를 하든 어느새 바빠진다'고 말하는 사람도 있습니다.

섬세한 사람은 왜 바쁜 것일까요?

섬세한 사람은 섬세하지 않은 사람보다 더 많은 걸 알아차립니다. 그럴 때마다 무턱대고 대응을 하게 되면 처리하는 일의 양이 많아져서 쉬이 지쳐버립니다.

뭔가를 알아차릴 때마다 반자동적으로 대응하지 말고 대응할 것과 내버려둘 것을 선별할 필요가 있습니다.

'알아차리는 것'과 '대응하는 것'을 구분한다

구체적으로 자신의 행동을 '알아차리는 것'과 '대응하는 것'으로 구분하여 생각해봅니다.

1. 알아차리는 것 자체는 나쁘지 않다!

섬세한 사람은 작업을 하고 메일을 보는 등 평소처럼 일을 하더라도 "이 부분에서 작업효율이 떨어지네. 이렇게 하면 더 효율을 높일 수 있지 않을까?", "이 문의에는 이쪽의 상황도 알려야겠지" 하고 개선해야 할 점을 차례차례 알아차립니다. 그것 자체는 나쁘지 않습니다. 섬세한 사람에게 '알아차리고·알아차리지 못하는' 건 자신의 의지로 제어할 수 있는 부분이 아닙니다.

2. 대응할지 말지 스스로 선택한다

그러면 여기서부터가 핵심입니다. 알아차린 것에 대응할지 말지는 본인에게 여유가 있는지 보면서 판단합니다.

가령 메일에 답할 때, "저쪽의 질문에 대답만 하지 말고 이쪽의 상황도 알려야겠다"고 판단했다면.

상황을 간단히 전할 수 있다면 대응해도 괜찮습니다. 그런데 만약 어떤 상황인지 동료에게 확인하고 표현이나 알리는 순서를 생각하고 자료도 첨부하고……. 이렇게 해야 할 일이 줄줄이 이어지는 경우는 일단 하던 일을 멈춥니다. 그리고 시간을 들여서라도 해야 하는 일인지 생각해보기 바랍니다. 때로 '어떤 일은 알아차려도 대응하지 않는' 쪽을 선택해야 할 때도 있습니다.

자칫하면 바빠지고 일이 쌓일 수 있기 때문입니다. 그럴 때는 '해야 한다고 알아차린 일에 전부 대응하려고 하지 않는지' 돌아보세요.

심신 모두 건강하게 일하기 위해서는 '대응해야 할 일을 스스로 선택하고', '회복할 수 없을 정도의 큰 피해를 입는 게 아니라면 대응하지 말고 그냥 내버려두는' 것도 중요합니다.

'알아차리지 못하는 그 사람'을 흉내 내보자

앞에서 '대응해야 할 일을 스스로 선택해보자'고 썼습니다.

"직장에서 그건 불가능해!"라고 생각하는 사람도 있을지 모릅니다.

하지만 생명에 관련된 경우를 제외하면 '알아차리고도 대응하지 않는' 선택지는 존재합니다.

실제로 직장을 둘러보면 '자기보다 눈치가 없는 사람' 혹은 '알아차리고도 대응하지 않는 사람'이 있지 않나요?

전화가 울려도 받지 않는 사람, 일이 남아 있어도 퇴근 시간이 되면 "수고하셨습니다" 하고 칼같이 마무리하는 사람, 개선하자고 제안해도 "그렇게 해야 하는 건 알고 있지만"이라고 말은 하면서도 지금의 일하는 방식을 고수하는 사람.

섬세한 사람에게도 '알아차리지 못하는 그 사람', '아무것도 하지 않는 그 사람'과 똑같이 행동할 선택지가 있습니다.

정신없이 일에 쫓길 때는 웬만해서는 주변 상황을 잘 알아차리지 못하는 동료를 떠올리고 '그 사람도 본인처럼 일하는지' 생각해보세요. "아마 나처럼은 안 하겠지", "이것보단 대충 하겠지"라는 생각이 들면 본인도 일손을 늦춰보는 겁니다. 눈치가 없는 동료를 본보기 삼아, '해야 돼'라며 스스로를 옭아매던 끈을 느슨하게 풀어봅시다.

직장에서 그냥 멍하니 있을 때 얻는 의외의 메리트

요양시설에서 일하는 K 씨. 야간근무도 하는 그녀는 직장에서 한시도 쉬지 못해 고민이었습니다. 야간근무로 함께 일하는 동료가 '귀가 들리지 않나?' 싶을 정도로 호출 벨을 받지 않아서 늘 그녀가 대신 받았다고 합니다.

야간근무에는 정해진 휴식시간이 있지만 K 씨는 잡담하는 동료 대신 다음 날에 쓸 기구를 준비하고 호출 벨을 받느라 잠시도 쉬지 못하고 일했다고 합니다.

그런 그녀에게 저는 "이제부터는 알아서 일하지 말고 직장에서 그냥 멍하니 있어보세요"라고 숙제를 내주었습니다(물론 간병시설 이용자에게 위험이 없는 범위에서 말입니다).

그러자 어떻게 되었을까요? 호출 벨이 울리는 동시에 손이 나가려는 순간, 눈 딱 감고 참자 동료가 호출 벨을 받았다고 합니다.

"이 사람도 호출 벨을 받을 줄 아는구나! 라고 생각했어요" 하고 말하는 K 씨. 지금까지 총성과 함께 냅다 달리기 시작하는 육상선수처럼 해야 할 일을 알아서 찾아다니며 일하다 보니 동료가 나설 틈이 없었던 것입니다.

알아차리지 못하는 동료를 대신하여 '해야 한다'는 생각을 버리고 일손을 늦춘 K 씨. 덕분에 야간근무를 할 때도 소파에 앉아서 쉴 수 있게 되었다고 합니다.

굳이 앞장서서 일하지 않아도, 잠시 휴식을 취해도 괜찮습니다.

본인이 전부 짊어지지 않아도 일은 예상외로 잘 굴러갑니다.

전화를 받을까, 받지 않을까? '갈등피로'를 없애는 나만의 규칙

방금 요양시설에서 일하는 K 씨의 예를 들었는데 '직장에서 전화가 울릴 때마다 받을지 말지 고민하는' 사람도 있지 않을까요?

바쁜 와중에 전화를 받으면 전화를 건 사람의 용건에 대응하느라 시간을 빼앗기게 됩니다. 전화가 울릴 때마다 '누가 받아주지 않을까?' 바라거나, 서류를 작성하느라 바쁜 척을 해보았다고 합니다. 하지만 동료들의 바쁜 상황도 모르는 게 아닌데 안 들리는 척하려니 죄책감이 들고…….

이런 갈등은 섬세한 사람을 황폐하게 만듭니다. '주변에 대한 배려'(다들 바빠 보인다)와 '자신의 이익'(하지만 나도 바쁘다……)이 대립하는 순간에는 여러 가지 생각이 머리를 맴돌아서 아무것도 하지 않는 데도 금세 지치게 됩니다.

이러한 갈등피로를 막는 데는 나만의 원칙이 효과적입니다.

가령 전화를 받는 건 세 번에 한 번으로 정합니다. 전화벨이 울릴 때마다 받을지 말지 망설이지 말고 "아까 받았으니 이번에는 받지 말자", "두 번 안 받았으니 다음에는 받자"라고 나만의 원칙에 따라 판단하는 겁니다.

전화 외에도 "상사에게 질문하고 싶은데 어떻게 할까", "설거지를 하고 잘까, 내일 아침에 할까"와 같이 매일처럼 하게 되는 고민이지만 고민하는 시간이 아깝게 느껴질 때 특히 효과적입니다.

원칙에 따르면 끝도 없이 계속되는 머릿속 생각이 멈춥니다. 처음에는 당황스러울지도 모르지만 원칙에 따라 행동하는 것에 익숙해지면 '이렇게 하자', '저렇게 하자', '하지만……'이라고 일일이 생각하지 않고 바로 행동으로 넘어가게 됩니다.

참고로 나만의 규칙은 '만약에 ~ 한다면'의 형식으로 만들기를 추천합니다. 일어날 만한 문제와 대처법을 하나로 묶어서 생각하면 쉽게 실행으로 옮길 수 있을 것입니다.

- 전화가 울리면 세 번에 두 번은 무시하고 세 번에 한 번만 받는다.
- 상사에게 질문을 할까 고민하다 그 고민이 10분으로 길어지면 일어나서 질문하러 간다.

어느 내담자는 세 번에 한 번만 전화를 받겠다고 정하고 나서는 전화 받는 일로 덜 긴장하게 되면서 퇴근 후 느끼던 피로감이 완화되었다고 합니다.

갈등피로에는 나만의 원칙으로 대처합니다.

작은 팁이지만 꼭 실천해보시기 바랍니다.

'갈등피로'를 없애는 나만의 원칙

본인이 생각하기에
'좋은 일'을 업으로 삼는다

영업, 사무, 간호사, 교사, 아티스트, 비서, 경영자 등 저는 다양한 직종의 섬세한 사람과 만났습니다.

어떤 일이든 기분 좋게 일하는 섬세한 사람에게는 '공통점'이 있었습니다. 바로 자신이 생각하기에 '좋은 일', '좋은 상품'과 함께 한다는 점입니다.

영업이라면 "내가 진심으로 괜찮다고 생각하는 상품이라면 자신 있게 팔 수 있어. 내가 좋아하지 않는 물건, 납득이 되지 않는 상품을 팔아야 한다면 참 괴로울 거야"라고 말이죠.

얼핏 당연하게 보이지만 세상에는 마음에 들지 않는 상품이라도 '일이니까'라며 아무렇지도 않게 파는 사람도 있습니다.

섬세한 사람은 감각이 예민하고 양심적입니다. 마음속의 작은 위화감을 "뭐 어때"라고 흘려버리거나 적당히 타협하지 못합니다. "이 상품, 있어도 그만 없어도 그만"이라고 생각하면 팔 때마다 거짓말을 하는 기분이 들어서 스트레스가 쌓이게 됩니다.

반대로 "이 상품은 쓸모가 있어", "고객에게 도움이 될 만한 상품이야"라고 생각이 드는 상품이라면 저절로 어떻게 팔지 궁리하게 됩니다.

본인이 생각하기에 좋은 상품을 취급하면 이런저런 방법을 궁리하여 성과를 올리는 반면에, 좋지 않은 상품과 엮이면 금세 지치고 에너지를 소모하게 됩니다. 그런 섬세한 사람이 보람을 느끼며 일하려면 자신이 다루는 상품과 서비스를 '좋다'고 생각해야 합니다.

이 '좋다, 나쁘다'의 기준은 '세간에서 말하는 좋다, 나쁘다'나 '돈벌이가 좋다, 나쁘다' 또는 '다른 누군가가 좋아하는지'와 하등 상관이 없습니다.

어디까지나 자신이 그 일을 어떻게 생각하느냐가 중요합니다.

섬세한 사람들을 상담하다 보면 같은 사안에 대해 정반대의 생각을 하는 경우도 보게 됩니다.

잡화점에서 일하는 A 씨는 편리한 상품, 아이디어 상품을 좋아합니다. 차례로 발매되는 신제품을 보고 "다음에는 이게 잘 팔리지 않을까?"라고 예상하면서 발주하는 것이 재미있다고 합니다.

한편, 잡화도매상에서 일하는 B 씨는 저가격의 하급 상품이 대량으로 유통되는 모습을 보고 있자면 왠지 떨떠름합니다. 지구의 자원을 낭비한다고 생각하기 때문입니다. 현재는 "지구의 사원을 귀하게 여기는 곳에서 일하고 싶다"는 자신의 바람을 깨닫고 전직을 검토하고 있습니다.

A 씨와 B 씨, 두 사람이 종사하는 곳은 똑같이 '잡화점'이지만 두 사람의 생각은 완전히 다릅니다. A 씨는 잡화를 다뤄서 행복하지만 B 씨에게서는 행복을 앗아가는 존재입니다. 어느 쪽이 더 낫다고 말할 수 없습니다. 그저 각자 '좋다'고 생각하는 것이 다를 뿐이지요.

여러분이 좋아하는 건 무엇입니까?

어떤 순간에 행복을 느끼나요?

본인이 생각하기에 '좋은 일'을 업으로 삼으면, 일할 때마다 "오늘도 좋은 일을 했다" 싶어서 마음이 충만해질 것입니다.

심기가 불편한 사람을 대처하는 방법 –
타인의 감정은 그냥 내버려둔다

"직장에서 심기가 불편한 사람이 있으면 같은 공간에 있기만 해도 금세 지쳐버려요."

"사소한 일에 불만을 터뜨리고, 심한 말을 하거나 노발대발 화를 내는 사람이 있어요."

그럴 때, 어떻게 하면 좋을까요? 다음의 3가지 대책을 생각해볼 수 있습니다.

- "이 사람 기분이 안 좋구나!" 하고 그냥 내버려둔다.
- 할 수 있는 한 물리적으로 거리를 둔다.
- 상대의 기분보다 자신의 마음을 먼저 챙긴다.

섬세한 사람은 주변 사람의 감정을 예민하게 알아차리기에 어떻게든 해보려고 '밝게 말을 건네거나', '심기가 불편한 사람일수록 더 극진하게 대우하거나' 합니다.

하지만 실은 그렇게 대응하면 할수록 상대는 섬세한 사람에게 기분 내키는 대로 행동하게 됩니다. "나 지금 심기가 불편한데, 네가 이 기분을 어떻게 좀 해봐!"라는 듯이 사소한 일에도 불평을 늘어놓고 벌컥 화를 냅니다. 상대를 배려하는 섬세한 사람의 장점이 심기가 불편한 사람에게는 오히려 나쁘게 작용되어 표출되는 것입니다.

그 사람이 심기가 불편하다면 그건 그 사람이 해결해야 할 몫입니다. 누군가가 해결해줄 수 없습니다.

심기가 불편한 사람이나 성질이 불같은 사람에게는 물리적으로도 심리적으로도 거리를 두고 그냥 내버려둘 필요가 있습니다. 누군가의 기분이 나쁘다는 걸 알아차렸다면 "기분이 안 좋은 모양이네" 하고 그냥 내버려두기 바랍니다.

하지만 심기가 불편한 사람 옆에 있으면 마음이 안정되지 않습니다. 그럴 때는 화장실에 가거나 다른 장소에서 일하면서 가능한 한 멀리 떨어져 지냅시다. 가족 중에 누가 기분이 나쁠 때는 산책이나 장을 보러 가는 등 외출을 하는 것도 한 방법입니다.

심기가 불편한 사람에게서 멀리 떨어진다

심기가 불편한 사람 옆에서 마음이 흔들리고 혼란스러워지면 심기가 불편한 사람을 챙기는 대신 편안한 사람에게 가서 이야기를 나누며 자신을 먼저 챙기기 바랍니다.

'열심히 노력해도 자신감을 얻지 못할' 때의 체크포인트

　회사원 S 씨. 회사로부터 팀을 통합시키는 역할을 하리라고 기대를 한몸에 받고 팀장으로 임명되었습니다. 하지만 늘 자신감이 부족하여 일에 적극적으로 임하지 못한다고 합니다.

　후배는 업무 처리가 빠르고 동료는 영어에 능통합니다. 후배가 일을 처리하는 모습을 보노라면 마음이 조급해져서 '나도 더 빨리 메일 업무를 처리해야지' 싶어 그 자리에서 바로 메일을 체크하고 답을 보내려고 합니다. 그러다가 영어에 능통한 동료를 보면 "집에 돌아가면 영어를 공부해야지"라고 결심합니다. 팀원의 우수한 면을 보면 이것도 해야 될 것 같고 저것도 해야 될 것 같아서 마음이 편치가 않다고 합니다.

"이것저것 손대며 열심히 노력해 봤지만 자신이 없습니다."

이런 고민을 털어놓는 사람들에게는 공통점이 있습니다. 자신이 잘하는 것에는 관심이 없고 못하는 것만 극복하려고 애를 쓴다는 점입니다.

S 씨는 업무속도도 빠르지 않고 영어도 특출하게 잘하지 않습니다. 결국 S 씨가 했던 건 '잘하지 못하는 걸 잘 해내려는 노력'이었습니다.

'못하는 걸 극복하려는 노력'과 '잘하는 걸 살리는 노력'

노력에는 두 종류가 있습니다.

하나는 '못하는 걸 극복하려는 노력', 또 하나는 '잘하는 걸 살리려는 노력'입니다.

못하는 것을 극복하려는 노력은 자신을 채찍질하는 노력입니다. 마치 카누를 타고 강을 거슬러 올라가는 것과 같습니다. 노를 저어도 저어도 조금만 방심하면 물살에 휩쓸리게 됩니다. 열심히 노력하면 남들만큼은 할 수 있지만 잘하는 사람만큼은 할 수가 없습니다.

"이 프로젝트만이라도 빨리 업무 처리를 하자", "영어는 일단 일상회화만이라도 할 수 있게 하자"고 일정 기간이나 수준을 정해서 열심히 하면 강을 거슬러 올라가는 것도 가능합니다. 하지만 '동료가 잘하는 것에만 주목하고 자신이 잘하는 것은 거들떠도 보지 않거나', '지금 주로 하는 일이 잘하지 못하는 일들뿐'이라면 강을 거슬러 올라가기 위해 끝없이 노력해야 합니다.

'못하는 것'은 '적성에 맞지 않는 것'이라고도 말할 수 있습니다. 적성에 맞지 않는 일을 열심히 해봤자 노력에 비해 성과가 나오지 않습니다. 잘하지 못한다는 생각에 도리어 자신감을 잃고 불안과 초조함에 시달리다 금세 지치게 됩니다.

한편, 잘하는 걸 살리려는 노력은 '자연스러운 노력'입니다. 선천적으로 타고났기 때문에 자연스럽게 잘할 수 있게 되고 노력이 그대로 결과로 이어집니다. 카누를 타고 강을 거침없이 내려가는 느낌이랄까요?

방금 소개한 S 씨의 경우, 누가 시키지 않았는데도 업무 효율화에 관한 책을 열심히 읽었다고 합니다. 팀 전체를 돌아보면서 모두가 편하게 일할 수 있는 시스템을 만들고 근본적으로 개선하는 것. 이것이야말로 S 씨가 잘하는 것이자 주력해야 하는 노력입니다. S 씨는 사실 팀 리더가 적성에 맞았던 것입니다.

하지만, 리더라고 해도 팀의 일원으로서 해야 하는 일이 있는 데다, 자신이 잘하는 것(업무 효율화와 구조화)에 집중할 수 있는 환경이 아니다 보니 당장에 부족하고 자신 없는 일에만 신경이 쏠려서 자신감을 잃은 것입니다.

강을 거슬러 올라가기 위해 열심히 노를 젓는다!

카누를 타고 강의 흐름에 몸을 맡긴다

두 종류의 노력

일이 구조화될 때까지 당분간 해야 할 일들을 팀원들에게 적절히 나눠주는 등 자신이 살하는 상기를 살리기로 결심한 S 씨. 잘하는 것에 주목하자 마음이 안정되고 일하려는 의욕도 높아졌다고 합니다.

못하는 걸 극복하려고 하지 말고 잘하는 걸 살려서 일하자!

아무리 노력해도 자신감이 생기지 않는다. 그럴 때는 혹시 못하는 걸 극복하려고 애쓰고 있지는 않은지 되돌아보기 바랍니다.

일을 할 때는 못하는 걸 극복하기보다 잘하는 걸 살려서 일하는 쪽을 단연코 추천합니다.

잘하는 것은 내 적성에 맞는 일입니다. 재미있으니 자연스럽게 열심히 일하고 좋은 결과를 냅니다. 결과가 나오면 더욱 일할 맛이 나서 누가 시키지 않아도 알아서 창의적인 아이디어를 내기 위해 고심합니다. 이를 여러 번 거듭하는 사이에 실력이 늘면서 더 큰 성과를 냅니다.

일하면서 잘하는 걸 살리기 시작하면 의욕이 넘치고 성과에서 돌풍을 일으킵니다.

일하면서 잘하는 걸 살리고 싶다면 잘하는 게 뭔지 적어보고 일에서 활용할 수 있는 방법을 생각해보기 바랍니다.

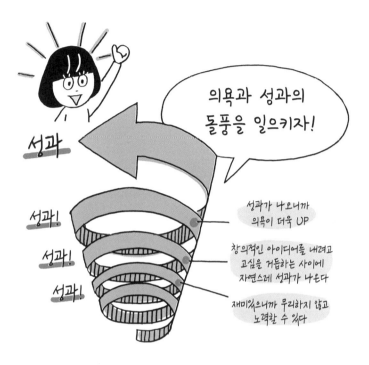

잘하는 걸 살려서 일하면 자연히 열심히 하게 된다

자신의 장기를 살리면서 행복하게
할 수 있는 일(능력이나 성격에 맞는 직업)

"섬세한 사람에게 맞는 일이 있을까요?"

많은 섬세한 사람들이 내게 물어온 질문입니다.

간호사, 공무원, 교사, 컨설턴트, 전통공예장인, 수예작가, 시스템 엔지니어, 경영자……. 실로 다양한 직종의 섬세한 사람들을 상담해 왔습니다. 섬세한 사람은 모든 업종·직종에 있습니다.

한 명 한 명 하고 싶은 일도 잘하는 일도 다르기 때문에 안타깝게도 "섬세한 사람의 적성에 맞는 일은 바로 이거다"라고 콕 짚어 말할 수가 없습니다.

가령 "어려움에 처한 사람을 일상에서 보살펴주는 것이 적성에 맞고 간병업무를 진심으로 좋아한다"는 섬세한 사람과 대화를 나눈지 며칠 지나지 않았는데 "어려움에 처한 사람을 돕고 싶었지만 간병업무는 적성에 맞지 않았어요"라고 상담하는 또 다른 섬세한 사람도 만나기 때문입니다.

획일적인 대답은 할 수 없지만 600명이 넘는 섬세한 사람들을 상담한 결과, 그들이 충실감을 느끼면서 행복하게 일하는 조건을 알수 있었습니다.

그 조건이란 다음의 3가지입니다.

1. 바람 - 하고 싶은 일, 본인이 생각하기에 좋은 일.
2. 강점 - 장기, 특기를 살려 잘할 수 있는 일.
3. 환경 - 어떤 사람들과 어떻게 일하고 싶은가?

위의 조건이 충족되는 곳에서 행복하게 활약할 수 있는 일이 바로 능력이나 성격에 맞는 일입니다.

섬세한 사람이 "지금 하는 일은 나에게 맞는 걸까?" 고민할 때는 크게 다음과 같은 3가지 경우입니다.

첫 번째는 일이 재미없게 느껴지는 경우.

하고 싶지 않은 일을 하거나, 회사의 상품·서비스에 관심이 없을 때입니다. 이러면 "연봉도 괜찮고, 직장 동료들도 다들 착해. 하지만 아무래도 일이 재미없구나. 보람이 없어"라고 느끼게 됩니다. "지금 하는 일에 관해서 좀 더 공부를 해야 하는데…… 라고 생각하지만 좀처럼 의욕이 나지 않아요"라고 말하는 섬세한 사람도 있습니다.

두 번째 고민은 일하면서 강점을 살리지 못하는 경우.

"열심히 하는데도 실력이 늘지를 않네. 아무리 해도 잘 되지가 않아", "사내에서 더 인정받고 싶어. 하지만 뭘 특별하게 잘할 수 있는 것도 아니고……"라는 상태입니다. 잘하지 못하는 일을 업으로 삼으면 특별히 열심히 노력해도 성과를 올리기 힘듭니다.

그리고 마지막 세 번째 고민은 직장환경과 노동조건이 맞지 않는 경우입니다.

"하고 싶었던 일에서 결과를 내고 높이 평가를 받고 있지만 너무 바빠서 힘들어", "교대근무라서 일상이 안정적이지 않아", "직장동료와 도저히 어울리지 못하겠어. 말이 통하지 않고 사고방식도 근본적으로 달라" 등등 일이 적성에 맞아도 심신을 심하게 소모한다면 일을 계속하기가 어렵습니다. 또 직장동료와 가치관이 크게 다르면 잘 해보려고 했던 일이 환영 받지 못하는 등 노력을 평가받기 어렵습니다.

행복을 느끼면서도 무리하지 않고 꾸준히 일하기 위해서는 앞에서 언급한 세 가지에 초점을 맞추고 일을 선택해야 합니다. 자신이 행복하게 할 수 있는 일은 무엇인가? 그런 생각이 들 때는 꼭 한 번 천천히 시간을 갖고 세 가지 조건을 생각해보기 바랍니다.

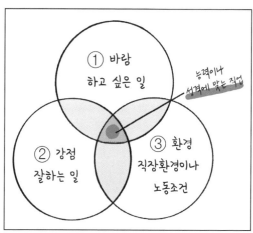

① 바람
하고 싶은 일

능력이나
성격에 맞는 직업

② 강점
잘하는 일

③ 환경
직장환경이나
노동조건

자신의 장기를 살리면서 행복하게 일하려면

3가지를 전부 충족시켜야 한다

자신의 장기를 살리면서
행복하게 일하기 위한 3가지 조건

전력으로 도망쳐야 할 때가 있다

여기까지 느긋하고 편안하게 일하는 기술을 설명했는데, 마지막으로 섬세한 사람이 알아두어야 할 것이 있습니다. '일보다 마음의 건강이 중요하다'는 말입니다.

섬세한 사람은 양심적이고 노력파들입니다. 스트레스로 가득한 직장환경에서도 "내가 하지 않으면 안 돼", "지금 일을 그만두면 동료에게 부담이 돼"라고 생각한 나머지 한계를 넘어서 지나치게 노력하는 경향이 있습니다.

하지만 일이 풀리지 않을 때는 '일손이 부족하다', '납기가 짧다', '부서 간 커뮤니케이션이 원활하지 않다' 등 조직 전체에 문제가 있는 경우도 많습니다. 자기 혼자 열심히 대응해봤자 무리가 있습니다.

'힘든 상황 속에서 동료들도 최선을 다하고 있으니까', '다들 스트레스를 받으면서 일하고 있으니까'라는 생각은 섬세한 사람이 그 직장에 있을 이유가 되지 않습니다. 섬세한 사람과 섬세하지 않은 사람은 그 힘듦의 수준이 전혀 다릅니다.

본래 일이란 자신을 행복하게 해주어야 하는 법입니다. 섬세한 사람이 자연스럽게 어깨의 힘을 빼고 실력을 발휘할 수 있는 일이 세상에는 얼마든지 있습니다. 자신에게 채찍질을 하듯이 스트레스를 받으면서까지 열심히 일하는 것은 어디까지나 '기간을 정해놓고 제한적으로' 하기 바랍니다. 그렇게 장기간 계속해서 자신을 채찍질하게 되면 '뭔가 이상하다'고 의문을 갖게 될 수밖에 없습니다. '앞으로 계속 이런 식으로 일해야 하나?'라고 잠시 멈춰 서서 생각하는 시간이 필요합니다.

일하면서 스트레스를 많이 받으니 '섬세한 감각을 봉인하자'고 하는 것은 '눈덮인 산에서 잠이 드는 무모한 행위'나 다름없습니다. 감각이 마비되면 스트레스를 받아도 알지 못하게 되고 정신을 차렸을 때는 심신 모두 피폐해지게 됩니다.

심신이 바쁠 때야말로 섬세한 감각으로 마음과 몸의 상태를 잘 관찰해 보아야 합니다. 어깨 결림은 어떤지, 위장 상태는 어떤지. 여성이라면 생리통은 심하지 않은지. 재미있는 일을 재미있다고 느낄 수 있는지, 전지가 툭 끊어지듯이 잠드는 게 아니라 평화롭게 잠이 드는지.

몸 상대가 인 좋은 깃 같으면 회복할 때까시 산업을 줄이고 휴가를 내서 몸을 쉬게 해주세요. 심신을 망가트리면서까지 해야 하는 일이란 이 세상에 존재하지 않습니다.

"이 일을 계속하자니 더는 견딜 수가 없어." 혹은 "이 직장에서 계속 있자니 더는 참을 수가 없어."

그렇게 생각하면 동료에게 폐를 끼치든 남은 일의 책임을 누가 지든 전부 내팽개치고 전력을 다해 도망치세요.

인생에는 도망쳐야 할 때가 있습니다. 일이나 타인이 아닌 자신의 심신을 최우선으로 생각하기 바랍니다.

주변에 고민을 털어놓아 일하기 편한 환경을 만든다

하고 싶은 일을 하기 위해 전직을 한 M 씨. 새로운 직장에서 일하기 시작하고 나서야 자신이 섬세한 사람이라는 사실을 깨달았다고 합니다.

만원 전철에 시달리며 출근을 하면 이제야 역에 내렸을 뿐인데 하루 에너지를 다 써버린 느낌입니다. 사람들이 복작복작 모여 있는 사무실에 하루 종일 앉아 있으면 자신도 모르게 그만 긴장하게 됩니다. 사소한 일로 화를 내는 선배가 있어서 말하는 내용과 말투에 여간 신경이 쓰이는 게 아닙니다…….

이렇게 본인이 힘든 경우에도 섬세한 사람은 '주변 사람을 걱정시키지 않으려고', '불쾌한 기분을 느끼게 하지 않으려고' 자신의 상황을 좀처럼 겉으로 드러내지 않습니다. 주변 사람은 섬세한 사람만큼 상대의 상황을 인지하지 못하여 섬세한 사람이 아무렇지도 않은 척하면 정말로 알아차리지 못하는 것입니다.

M 씨는 이런 고민을 주변 사람들에게 털어놓았습니다.

먼저 만원 전철에 관해시는 인사부에 고충을 털어놓았습니다. "전철 안이 늘 혼잡해서 역에서 내리면 기진맥진합니다"라고 호소했더니 인사담당자가 공감했는지 근무시간을 자유롭게 선택할 수 있는 플렉스 타임제로 바꿔 주었다고 합니다. 비록 전철 좌석에 앉아서 오지는 못해도 더 이상 전철에서 시달리지 않게 되었다고 합니다.

업무환경에 관해서는 상사에게 털어놓았습니다. "주변 사람이 없어야 집중이 잘 됩니다"라고 말했더니 "집중하고 싶을 때는 빈 회의실을 써도 좋아"라고 말해주었습니다. 또한, 선배를 어떻게 대해야 할지 모르겠다고 토로했을 때에도 자신의 경험담과 함께 그 선배를 대하는 요령을 알려 주었다고 합니다.

이렇게 해서 M 씨는 자신이 일하기 편한 환경을 마련할 수 있었습니다.

힘들다고 말하면 도와주는 사람이 짠하고 나타납니다. 그러니 "이런 일로 힘이 듭니다", "이렇게 하고 싶은데 괜찮을까요?"라고 주변 사람에게 털어놓는 것부터 시작해봅시다.

5장

섬세함을
살리는 기술

내가 '섬세함'과 사이좋게 지내게 되기까지

섬세하면 스트레스를 잘 받아서 힘든 면도 있지만 기분이 좋을 때나 기쁠 때는 행복을 더 깊이 맛볼 수도 있습니다.

이 책에서는 지금까지 섬세함의 구조부터 시작해서 어떻게 하면 인간관계에서 스트레스를 받지 않는지, 어깨에 힘을 빼고 지낼 수 있는지에 대해 설명했습니다.

사람들에게 시달려 금세 지치는 사람도 여기에 소개한 방법을 따라 해보면 꽤나 마음 편하게 지낼 수 있게 될 것입니다.

하지만 단계가 아직 더 남았습니다. 섬세함의 힘든 면을 보완할 뿐만 아니라 좋은 면을 잘 살릴 수 있는 방법이 있습니다.

이 책의 이야기를 마무리 지을 이 장에서는 섬세한 사람의 멋진

면들을 소개하고 그 활용법도 살펴보겠습니다.

그 전에 내 이야기를 해보려 힙니다.

자신을 끊임없이 몰아붙이던 회사원 시절

이 책을 쓰는 나도 섬세한 기질을 갖고 있습니다. 돌이켜보면 어린 시절부터 섬세했으나 다른 사람보다 더 섬세하다고 깨달은 것은 사회인이 되고 나서였습니다.

대학졸업 후에는 제조업체에 입사하여 기술자로서 상품개발을 담당했습니다. 좋은 상사와 동료를 만났으나 늘 바빠서 밤늦게까지 일하기 일쑤였습니다. 부품의 소형화에 성공하여 특허출원을 하고 표창을 받는 등 업무상으로는 성과를 냈지만 아무리 인정을 받아도 자신감이 없어서 '이것도 하고 저것도 해야 돼!'라고 매일 끊임없이 스스로를 몰아붙였습니다.

신제품 발매일이 다가오자 모두 너무 바쁜 나머지 과도한 업무에 몸이 견디지 못했고, 휴직자가 속출했습니다. 조심해야겠다고 생각했을 때는 이미 늦어서 중요한 실험데이터를 제출한 다음 날, 실이 툭 끊어진 것처럼 회사에 가지 못하게 되었습니다. 입사 6년째의 일이었습니다.

"왜 나는 스트레스를 견디지 못했던 것일까?"

함께 일했던 동료와 상사에게 미안해서 울면서 자신을 책망했습니다. 한 달쯤 쉬고 복귀할 작정이었으나 회사의 로고를 보기만 해도 가슴이 답답하고 눈물이 쏟아져서 도저히 출근할 수가 없었습니다. 휴직은 약 2년으로 늘어났습니다.

휴직을 거쳐 섬세한 나 자신을 깨닫다

조용히 그림을 그리고 하늘을 바라보다…….

일도 하지 않고 혼자 집안에 틀어박혀 지내는 동안에, 내게 조용한 일면이 있다는 걸 깨달았습니다. 어딘가에 쓸모가 있거나 도움이 될 만한 일이 아니면 시간낭비라고 생각하고 직장에서 늘 긴장하며 지내던 나와는 백팔십도 다른 조용하고 온화한 나.

그것은 바로 어른이 되면서 잊혀졌던 '섬세한 나'였습니다.

일레인 아론 박사의 《타인보다 더 민감한 사람 : 내 안의 잠재력을 깨우는 자기 발견의 심리학》을 읽고 HSP라는 기질을 알게 된 것도 이 무렵입니다.

2년간의 휴직을 마치고 복직했습니다. 그리고 실험실에서 데이터를 정리하던 때의 일입니다.

"아, 이렇게 하면 되는구나."

어느 데이터를 어떻게 계산해야 하는가? 앞으로 해야 할 실험은 무엇인가?

지금껏 경험해 보지 못했던, 사고가 쭉쭉 뻗어 나가는 아주 신기한 감각을 느꼈습니다. 먼 미래가 눈앞에 보여서 손을 뻗으면 닿을 수 있을 것 같은…… 아주 고요하고도 세찬 감각이었습니다.

생각할 겨를도 없이 내가 뭘 하면 좋은지 바로 알 수 있었습니다.

그때가 일하면서 심세함이 발현된 최초의 경험이었습니다.

회사를 그만두고 내가 잘할 수 있는 일을 모색하던 와중에 상담업무를 시작했습니다.

독학으로 시작했으나 왠지 모르게 처음부터 굉장히 잘할 수 있다는 느낌이 들었습니다. 그리고 그 예감대로 내담자에게 차츰 기쁨의 목소리가 들려왔습니다.

"나에 대해 어떻게 그렇게 잘 알죠?"

상담을 받다가 놀라는 사람을 몇 번이나 만났습니다.

목소리 톤, 몸짓, 시선의 움직임, 특유의 말투…… 작은 신호를 포착하여 내담자의 진정한 바람을 끌어냅니다.

말로 표현하지 못하는 상대의 속마음을 감지해내고, 꼼꼼하게 일을 처리하고, 사소해 보이는 정보들을 취합하여 최선의 한 수를 예측하는 등 스트레스가 많은 직장에서는 나쁘게 표출되던 섬세함이 나와 맞는 환경에서는 큰 힘이 되었습니다.

스트레스를 잘 받거나 쉬이 지치는 등 섬세함에는 감당하기 힘든 면도 있지만, 그것까지도 포함하여 '섬세함이란 좋은 것'이라고 생각합니다.

맛있는 밥을 음미하며 먹거나 "어? 딸애의 속눈썹이 길어졌네"라는 남편의 눈썰미에 반하거나 내담자와 속마음을 깊이 나눕니다.

이러한 매일의 작은 행복도, 일의 충실감도 섬세한 감각 덕에 맛보는 것 같습니다.

600명이 넘는 섬세한 사람과 만나면서 절실히 느꼈습니다.

'인간은 있는 그대로의 모습으로 살아야 활력 있게 살 수 있다'는 걸.

섬세한 사람에게 섬세함이란 자신을 구성하는 중요한 일부분입니다. 섬세함을 '좋은 것이다'라고 받아들이면 자기 자신을 '좋은 사람'이라고 긍정할 수 있습니다.

"나에게는 섬세한 면도 엉성한 면도 있어요. 그게 나입니다."

그렇게 자신을 있는 그대로 받아들이면서 살면 좋지 않을까. 저는 그렇게 생각합니다.

섬세한 사람에게 공통된 '5가지 힘'

섬세한 사람에게 공통된 5가지 강점이 있습니다.

느끼는 힘, 생각하는 힘, 음미하는 힘, 양심의 힘, 직감하는 힘입니다. 어느 힘이 강한가? 여기에는 개인차가 있습니다.

그럼 섬세한 사람에게 공통되는 5가지 힘을 살펴보겠습니다.

느끼는 힘

느끼고 행동한다, 느낀 걸 바탕으로 상상의 나래를 펼친다, 느낀 걸 깊이 음미한다. 느끼는 힘은 모든 행동의 출발점입니다.

1. 인간관계

- 상대의 이야기를 잘 받아주면서 듣는다.
- 상대가 무엇을 바라는지 알아차리고 세심하게 살핀다.
- 상대의 좋은 점을 발견한다.

2. 일

- 다른 사람이 알아차리지 못하는 사소한 개선점을 발견한다.
- 리스크를 발견한다.
- 상대의 동작을 보고 어느새 똑같이 할 수 있게 된다.

3. 취미 등

- 작가가 교묘하게 집어넣은 의도나 심혈을 기울여 만든 부분을 단박에 알아차리고 즐긴다.
- 일상의 작은 기쁨을 포착한다.

대충 열거해도 이 정도입니다.

특히 강조하고 싶은 것은 섬세한 사람은 다른 사람의 말을 아주 잘 들어준다는 점입니다.

그중에는 '그렇게 친하지 않은데도 어느새 자기한테 고민을 털어놓는다'고 말하는 사람도 있습니다. 이것은 스킬을 써서 표면적으로 잘 들어주어서가 아니라 상대의 말을 진정성 있게 받아주거나 자기 일처럼 귀담아들어주고 상대를 존중하기 때문입니다. 이는 섬세한 감성에서 오는 진정한 능력입니다(물론 섬세한 사람이 경청이나 코칭의 기술을 배우면 더 잘 들어주게 되겠지요).

가치관이 다른 상대라도 쉬이 부정하지 않고 이야기의 배경을 생각하면서 "그렇게 생각할 수 있구나", "그것도 좋네" 하며 관대하게 이야기를 들어줍니다. 그러면 말하는 사람은 안심하고 말할 수 있고 내 말을 잘 받아주는구나, 라고 느끼게 됩니다.

때로 느끼는 힘은 일할 때, 다른 사람들이 알아차리지 못하는 사소한 것까지 알아차려서 문제점을 발견하는 식으로 나타나기도 합니다.

서류를 스치듯 보기만 해도 오자와 탈자를 발견해내고 전단지와 팸플릿을 디자인할 때 폰트가 한 글자만 달라도 귀신같이 잡아냅니다. 슬쩍 보기만 해도 오자 탈자를 잡아내면 따로 확인할 필요가 없어서 아주 편리합니다. 이는 결국 일 처리를 실수 없이 꼼꼼하게 해낸다는 뜻이기도 합니다.

느끼는 힘은 실수를 방지할 뿐만 아니라 일을 막힘없이 하는 데도 도움을 줍니다.

일례로 섬세한 사람 중에는 상대의 동작을 보고 유독 똑같이 잘 따라 하는 사람이 있습니다. 아르바이트하려고 들어간 주방에서 선배의 움직임만 보고 어느새 뚝딱 음식을 만들어 내거나, 자료를 작성하는 선배의 모습을 보고 컴퓨터소프트웨어 사용법과 자료작성의 요점을 습득하는 사람이 있습니다. 왜 그 순서대로 하는지, 어떻게 움직이면 효율이 높은지 등등 상대가 행동하는 그 의미와 배경까지 읽어내기 때문에 잘 따라 할 수 있는 것입니다.

섬세한 사람은 사소한 것도 잘 포착해냅니다.

가령 연극을 볼 때는 의상에 달린 작은 소품이나 연기에 담긴 의도를 알아차리고 마음껏 즐깁니다. 일상에서도 카페에서 계산을 할 때, 계산대에 핼러윈 호박이나 크리스마스트리 등 계절에 맞춘 소품이 장식되어 있는 것을 보면 마음이 따뜻해집니다. 섬세한 사람은 사람들이 담은 바람이나 교묘한 의도, 공들인 부분을 단박에 알아차리고 잘 받아줍니다.

그 외에 매장의 점원이 친절해서 기분 좋았다거나, 저녁식사로 나온 생선이 야들야들하게 구워져서 "아 맛있어!" 하고 웃는 등 일상의 기쁨을 포착하는 것도 섬세한 사람의 장기입니다.

생각하는 힘

- 깊이 고찰한다.
- 당연하다고 생각되는 것에 의문을 갖고 개선한다.
- 관심이 생기면 거기에 완전히 푹 빠진다.

깊이 생각하는 것도 섬세한 사람의 장점입니다. 타인이 당연하다고 생각하는 것에도 의문과 관심을 갖고 "왜 이렇게 되었을까?" 상상의 나래를 펼칩니다.

매장의 뒤뜰에 재고기 난잡하게 쌓여있는 길 보고 "정리해놓으면 바쁠 때도 상품을 보충하기 쉬울 텐데"라며 정리정돈을 하자고 제안하거나, 외국인 관광객을 맞아 어떻게 대해야 할지 몰라 난감해하는 동료가 있으면 영어 접객 매뉴얼을 작성하여 나눠주는 등 큰 문제부터 사소한 불편까지 독자적인 시점에서 개선점을 찾아 고찰하고 개량해갑니다.

사생활적인 면에서는 마니아적인 면도 있습니다. 가령 밴드의 노래 가사를 듣고 "이 사람들은 어떤 인생을 보냈을까?"라는 상상을 펼치고 그 아티스트가 몇 살에 어떤 곡을 썼는지 연표를 찾아봅니다. "내 컴퓨터는 어떻게 웹사이트와 연결되는 것일까? 어떤 구조일까?" 통신의 역사와 구조를 조사하는 등 한번 관심을 가지게 되면 다른 데는 일체 관심을 두지 않고 그 세계만을 철저히 파고들며 즐깁니다.

음미하는 힘

- '좋은 것'을 받아들이고 깊이 음미한다.
- 음미한 것을 출력한다(그림과 사진과 음악 등으로 표현한다).

회사에 가는 도중에 하늘을 바라보면 환하게 빛나는 햇살, 부드러운 공기, 다채롭게 발하는 옅은 푸른색이 너무 아름다워 무심코 멈춰 섭니다. 영화 예고편을 보고는 아름다운 세계관에 감명받아 나도 모르게 눈물을 글썽입니다.

아름답고 친절한 세상, 빛나는 사람들. '좋은 것'을 받아들이고 깊이 음미하는 것은 섬세한 사람의 장기입니다.

그림, 글, 노래, 시, 음악, 카메라, 수공예품.

수단은 각기 다르지만 글을 짓거나 그리거나 노래하는 등 자신의 내면을 표현하는 섬세한 사람도 헤아릴 수 없이 많습니다.

섬세한 사람은 해상도가 높은 카메라처럼 '좋은 것'을 촘촘하고 정밀하게 받아들여서 마음속으로 음미한 후, 중요한 부분을 아주 진하게 농축하여 표현해냅니다.

부드러운 햇살을 찍은 풍경 사진, 고운 마음씨가 전해지는 아름다운 그림, 느낀 것을 공들여 써내려간 블로그. 섬세한 사람의 표현은 보는 이의 마음을 사로잡습니다.

양심의 힘

- 자신이 옳다고 믿는 것을 정직하게 행한다.
- 스스로 납득이 되는 행동을 한다.
- 사람들을 성실하게 대하는 것이 큰 힘을 발휘한다.

섬세한 사람은 예의가 바르고 양심적입니다. 어려움에 처한 사람이 있으면 한걸음에 달려와 도와주고 상대를 배려하는 등 친절하고 다정한 경향이 있습니다. '이 사람은 친절할 것 같다'고 주변 사람도 느끼는지, 섬세한 사람에게 길을 물어보는 사람도 아주 많습니다. 그중에는 "해외에서도 길을 물어보는 사람이 있다"고 말하는 사람도 있습니다.

섬세한 사람은 인간관계만이 아니라 일을 할 때도 양심적입니다. 스스로 납득할 수 있을 것, 그리고 사람들에게 성실할 것. 섬세한 사람은 이 두 가지를 매우 중요하게 여깁니다.

접객 판매업에 종사하는 성실한 사람은 "내가 생각하기에 진심으로 좋은 상품을 팔고 싶습니다. 그리고 고객에게는 필요한 것만 권하고 싶어요. 매출을 올리려고 고객에게 필요하지도 않은 물건을 팔다니, 거짓말을 하는 것 같아서 싫습니다"라고 말하는 사람이 많습니다. 의류업체에 다닌다면 "고객에게 어울리는 옷을 팔고 싶습니다. 어울리지도 않는데 '어울리세요'라며 사라고 권하고 싶지 않아요"라고 말하는 식입니다.

스스로 납득할 수 있고 사람들에게 성실할 것, 이 두 가지가 충족됐을 때, 섬세한 사람은 큰 힘을 발휘합니다.

바디케어 분야에서 일하는 섬세한 사람이 있다고 합시다. 그는 한 가지 시술만으로는 고객의 몸을 개선하는 데 한계가 있다고 보고 다양한 기법을 도입하여 최적의 시술을 하려고 노력할 것입니다.

또 영업분야에서는 고객에 대해 공들여 사후 관리를 하여 입소문이 나게 되고 직접 세일즈를 하려고 나서지 않아도 고액상품이 팔리는 식입니다.

자신이 옳다고 믿는 것을 정직하게 행해야 자신과 고객 쌍방에게 좋은 결과가 나온다는 말입니다.

직감의 힘

- 자신에게 맞는 걸 찾아낼 수 있다.
- 일의 문제점을 꿰뚫어본다.
- 사물의 본질에 도달할 수 있다.

"왠지 모르겠지만 그런 기분이 들어." "본 순간에 딱 느낌이 왔어."

섬세한 사람은 직감도 탁월합니다. 직감은 자신과 맞는 걸 찾을 때 도움이 됩니다.

H 씨는 소설을 좋아하지만 스릴러물은 질색입니다. '일상 속의 대수롭지 않은 수수께끼를 담담하게 풀어가는 이야기를 좋아한다'고 합니다. 그런 내용의 책을 찾기란 쉽지 않겠다고 생각했는데 H 씨는 서점에서 제목을 척 보기만 해도 자신이 좋아하는 책을 알아볼 수 있다고 합니다. 평대에 놓여있는 책은 표지가 보여서 자신과 맞는 책을 찾는 실마리가 된다고 합니다. 책장에 꽂혀있는 책도 제목

을 보기만 해도 딱 느낌이 오는데, 실제로 읽어보면 자신의 예감이 빗나간 적이 거의 없다고 합니다.

그 외에 맛있어 보이는 밥집인 것 같아서 들어가 보면 정말로 맛있는 곳이거나, 간판만 보고도 분위기 있는 카페를 알아차리는 등 섬세한 사람의 직감은 자신에게 '좋은 것'을 찾아내는 것에도 도움을 줍니다.

직감은 일할 때도 도와줍니다.

제조업에 종사하는 섬세한 사람에게는 "실험데이터가 왠지 이상하다는 느낌이 들 때가 있어요. 그래서 데이터를 살펴보면 오차가 나옵니다", "문제가 있는 곳은 왠지 '도드라진 느낌'이 들어서 바로 눈에 들어옵니다"라는 말을 들었습니다.

경리로 일하는 섬세한 사람은 "숫자가 맞지 않으면 엑셀을 슬쩍 본 순간에, 위화감이 들어요", 부하직원을 관리하는 매니저는 "아침에 회사에 출근해서 팀원의 얼굴만 봐도 컨디션이 좋은지 나쁜지 단박에 알 수 있어요. 그래서 실수할 것 같은 부하직원이 보이면 방심하지 말라고 자꾸 말을 걸어요"라고 말합니다.

논리적 사고가 "A에서 B를 거쳐 C가 된다"라고 순서대로 결론에 도달하는 것에 비해 직감은 '이 부분이 수상해!'라고 단박에 알아차립니다. 직감을 통해 문제점을 일찌감치 알아차리는 것입니다.

섬세함의 힘을 빌려 자신의 강점을 부각시킨다

섬세함의 강점을 잘 활용하기 위해서는

- 자신의 다른 강점과 섞어서 활용한다.
- 몸과 마음을 편안하고 자유롭게 만들어둔다.

이 두 가지를 의식해주세요. 섬세함의 강점은 단독으로 활용해도 좋지만 다른 강점과 섞어서 활용하면 더욱 강력해집니다.

가령 옷을 잘 매치하는(=자신의 강점) 점원이, 고객과의 대화를 통해 "사랑스러운 느낌의 옷을 입고 싶어요"라는 바람을 알아차리고 (=섬세함의 강점), 세련되면서도 사랑스러운 옷을 고객에게 권할 수 있습니다.

또 섬세한 사람의 강점은 잘 느끼고 음미한다는 것입니다. 이는 '몸과 마음'을 토대로 발생합니다. 따라서 전력을 다하기 위해선 자유롭게 느낄 수 있고, 편안한 장소에 있는 것이 중요합니다.

스트레스를 많이 받아서 감각이 둔해질 때는 여유롭게 차를 마시거나 하늘을 바라보면서 몸과 마음의 긴장을 푸는 시간을 갖기 바랍니다. 몸과 마음이 편안해지면 섬세한 능력을 충분히 발휘할 수 있을 것입니다.

자신의 본심을 소중히 하면
점점 더 활력이 생겨난다

이 책에서는 지금까지 섬세한 사람의 구조와 인간관계와 직장에서 어깨의 힘을 빼고 지낼 수 있는 구체적인 방법을 알려드렸습니다.

이제부터는 이 책을 마무리하는 주제로, 삶의 전반에 걸쳐 활용 가능한 '섬세한 사람이 활력 있게 살아가는 열쇠'에 관해 설명하겠습니다.

이 책의 첫머리에 썼듯이 섬세한 사람은 지금 그대로의 섬세한 모습으로도 활력 있게 살아갈 수 있습니다.

"정말일까?" 의심했던 사람이라도 방금 말씀드린 '강점'과 '강점을 활용하는 법'까지 읽고 나니 감이 좀 잡히지 않나요?

섬세한 사람이 지금 그대로의 모습으로 활력 있게 살아가는 열쇠, 그것은 바로 자신의 본심인 '이렇게 하고 싶다'라는 바람을 무엇보다 소중히 여기는 것입니다.

'산책하고 싶다', '푹 자고 싶다'라는 개인적인 바람에서부터 '그 사람 왠지 불편해', '오늘은 잔업을 하지 말고 퇴근하고 싶다'라는 직장에서의 바람까지.

'이렇게 하고 싶다'라는 바람을 읽고 그걸 하나씩 이뤄나가다 보면 '나는 이게 좋아', '이렇게 하고 싶어'라는 마음의 중심이 단단해집니다.

중심이 단단해지면 다른 사람의 감정과 의견에 좌우되지 않으며, 여러 사람들과 있어도 편히 지낼 수 있게 되고 하고 싶은 일을 할 수 있게 됩니다.

자신의 본심을 소중히 여길 때, 섬세한 사람은 단단해지게 됩니다.

섬세한 사람이 단단해진다는 건 어떤 의미일까요?

단단해진다는 것은 결코 둔감해진다는 의미가 아닙니다.

봄 공기와 아름다운 하늘, 주변 사람의 고운 마음씨를 찰떡같이 느끼는 섬세한 감수성을 간직한 채로, 싫어하는 것이나 불쾌한 기분처럼 자신에게 필요가 없는 감정만 스르륵 흘려보낼 수 있게 됩니다.

섬세한 감성을 신뢰하면 싫어하는 것과 잘 엮이지 않게 됩니다.

섬세한 감성을 기준으로 자신에게 좋은 것, 나쁜 것을 구분함으로써 자신을 아무렇게나 취급히는 사람과 거리를 두고 자신에게 맞지 않는 직장은 피하게 되기 때문입니다.

물론 인생을 살면서 기분 나쁘고 불쾌한 것을 완전히 피하며 살 수는 없습니다. 무례한 사람이나 미숙한 사람, 가치관이 다른 사람과 만나 우울해질 때도 있을 것입니다.

하지만, 설령 그런 날이 있더라도 마음의 회복이 몰라보게 빨라질 것입니다.

자신의 본심을 아는 3가지 방법

섬세한 사람이 활력 있게 살기 위해서는 스스로의 본심을 들어주는 것이 중요하다고 썼습니다.

하지만

"결혼을 해야 할까."

"전직하고 싶은데 지금 다니는 곳에 계속 다니는 게 좋을까."

이처럼 어느 쪽이 자신의 본심인지 헷갈릴 때도 있습니다.

자신의 본심을 알기 위해서는 어떻게 하면 좋을까요?

섬세한 사람은 세상의 목소리와 주변 사람의 생각에 쉽게 영향을 받습니다.

그래서 무엇이 자신의 본심이고 무엇이 세상의 목소리인지 주의

깊게 가려내야 합니다.

자신의 본심을 아는 방법은 3가지입니다.

첫 번째는 말을 단서로 하여 알아내는 것입니다. 두 번째는 섬세한 감각으로 느끼는 것입니다. 그리고 세 번째는 자기 자신과 대화하는 것이지요.

본심을 아는 방법 1. 말을 단서로 하여 알아낸다

먼저 가장 간단히 구분하는 방법은 '이렇게 하고 싶다'인지 '이렇게 해야 한다'인지입니다.

'이렇게 하고 싶다'는 본심일 가능성이 있지만 '이렇게 해야 한다'는 사실은 그렇게 하고 싶지 않다는 뜻입니다.

가령 '집에서 푹 자고 싶지만 회사에 가야 하는' 상황이라면.

'집에서 푹 자고 싶다'는 '~하고 싶다'라서 본심입니다.

'회사에 가야 해'는 '~해야 한다'이니 사실은 가고 싶지 않다는 뜻입니다.

본심을 아는 방법 2. 섬세한 감각으로 느낀다

'이렇게 하고 싶다'인지 '이렇게 해야 한다'인지로 판별할 수 있다고 썼는데, 입으로는 '이렇게 하고 싶다'고 말하지만 본심은 아닌 경우가 있습니다.

가령 '자격증 공부를 하고 싶지만 좀처럼 손이 가질 않는' 상황이라면.

이렇게 몸과 괴리가 나는 말을 정신과의사 이즈미야 간지 씨는 저서에서 "'머리'에서 나온 말을 '마음'에서 나온 말처럼 위장해서 발언한다"고 말했습니다.

말로는 '~하고 싶다', '~하고 싶지 않다'라고 했지만, 과거의 경험에서 영향을 받았거나 가정교육이나 학습의 결과이거나 장래를 내다보고 계산한 경우, 이는 '머리'에서 나온 말이라서 '마음'에서 나온 말과는 다르게 '몸'과 조화를 이루지 못합니다.

자격증 공부를 하고 싶지만 좀처럼 손이 가지 않는다.

이렇게 '~하고 싶다'고 말하면서도 몸이 움직이지 않을 때는 '이렇게 하고 싶다'고 생각할 당시의 몸의 상태가 어땠는지 확인해봅니다.

'이렇게 하고 싶다'고 말했을 때나 그렇게 하는 걸 상상했을 때,

- 가슴이 답답해진다.
- 기분이 가라앉는다.
- 의무감처럼 느껴진다.

이런 느낌이 든다면 적어도 '지금은' 하고 싶지 않은 것입니다.

언젠간 하고 싶지만 '지금은' 하고 싶지 않다면 지금 정말로 하고 싶은 건 무엇일까요? 섬세한 사람은 무엇이든 너무 열심히 해서 금

세 지치곤 합니다. 푹 자고 싶고, 푹 쉬고 싶다면 제발 몸을 푹 쉬게 해주세요.

지금 하고 싶은 것을 하게 되면 심신에 에너지가 차오르게 됩니다. 에너지가 차오르면 자연스럽게 뭔가가 하고 싶어져서 정말로 하고 싶은 일을 자연스럽게 시작할 수 있게 됩니다.

'무언가를 하고 싶다'고 말하면서도 몸이 움직이지 않는다. 그럴 때는 "지금 바로 이 순간에는 진정 어떤 걸 하고 싶은가?" 스스로에게 물어보세요.

본심을 아는 방법 3. 자신과 대화한다

지금부터 소개할 방법은 아주 강력하여 배우고 나면 '전직하고 싶다', '결혼할 준비를 해야 할까', '부모님 간병은 어떻게 할까'라는 큰 결단을 내리기 전에 자신의 본심을 쉽게 파악할 수 있게 됩니다.

게다가 방법은 아주 간단합니다. 다음 2단계를 거치면 되니 직접 한 번 해보세요.

1단계. 단전에 의식을 집중하고 어린 시절의 자신을 상상해보세요

사람에 따라서 차이는 있지만 어린 시절을 대략 세 살에서 열여섯 살가량 사이로 잡습니다. 그때는 내가 주변의 시선을 신경 쓰지 않고 자유롭게 살았구나, 라고 생각되는 나이면 됩니다. 특히 서너 살 무렵. 1차 반항기로, 누구에게도 자유롭게 "싫어!"라고 말했던 시기

이면 더 좋습니다.

2단계. 헷갈리는 게 있으면 상상 속의 어린 나에게 물어보세요

가령 "공부하고 싶어?"라고 물어봅니다. 어린 시절의 내가 공부하고 싶은 어떤 것이 떠오른다면 공부해도 좋습니다.

반대로 "싫어!"라고 뿌리치거나, 뾰로통해져서 아무 대답도 하지 않는다면 싫다는 뜻입니다. 머릿속으로 상상한 그 아이가 내뱉는 대답이야말로 자신의 '본심'입니다. 어린 내가 잔다면 졸린 것이고, 논다면 놀고 싶은 것입니다.

그 아이를 지켜주는 다정하고 듬직한 부모가 됐다는 생각으로 자고 싶으면 자고 놀고 싶으면 놀게 해주는 등 어린 시절의 내가 하고 싶어 하는 것을 하게 해주세요.

나는 아직 어려서 "싫어!" "좋아!"라고 단답형으로밖에 대답하지 못합니다. "그 사람 좋아?", "공부하고 싶어?" 등 YES·NO로 대답하기 쉽게 질문하는 것이 핵심입니다.

상담하러 오는 섬세한 사람에게 이 방법을 알려주면 "상상할 수는 있지만, 애라서 그런지 자꾸 토라집니다", "뾰로통해져서 대꾸도 하지 않아요"라고 말하는 사람도 있습니다. 오랫동안 자신의 본심을 억누르고 살아서 마음이 토라져 버린 것입니다.

그럴 때는 하루에 몇 번씩 어린 나를 상상하며 다정하게 "얘~" 하고 말을 걸어주세요. 끈기 있게 부르다 보면 드문드문 "놀고 싶어",

"자고 싶어", "싫어"라고 말을 해줄 것입니다.

이따금 "전부터 이런 나를 상상은 했지만 그 아이가 '놀고 싶다!'고 말할 때마다 '그런 말 하지 마!'라고 내내 무시해왔어요"라고 말하는 사람도 있습니다.

어린 나는 내 마음 그 자체입니다.

당장은 그 뜻을 받아주기 어렵더라도 어린 내가 "싫어!"라고 말한다면 "그런 말 하지 마", "안 돼!"라고 무시하지 말고 "그래, 싫지" 하고 일단은 받아주세요.

어린 나를 상상하는 게 어렵다면 솜 인형이나 보석처럼 내가 소중히 여기는 물건에 말을 걸어도 좋습니다. "있지, 어떻게 하고 싶어?"라고 물어보면 깜짝 놀랄 정도로 대답이 쉽게 나올 것입니다.

지금 소개한 3가지 방법 전부에 공통적으로 적용될 수 있는 것은 마음이 편안해지는 장소에 있으면 자신의 본심이 술술 나오게 된다는 것입니다. 자기 방이나 마음에 드는 카페, 공원처럼 마음 편한 장소에서 긴장을 풀고 편안한 상태에서 한 번 시도해 보세요.

하고 싶은 일을 매일 소소하게 이루어 본다

하고 싶은 것이 생각나면 꼭 하나하나 이뤄보기 위해 노력하시기 바랍니다. 그러나 '일을 그만두고 싶다'와 같이, 당장에 단행할 수 없는 일이 대부분일 것입니다. 그럴 때는 소소한 일부터 하나씩 이뤄나가 보세요.

"그 사람이랑 있으면 왠지 불편해"라고 생각되면 본인이 먼저 다가가지 않습니다.

"푹 자고 싶어"라고 생각이 들면 쉬는 날에 실컷 잡니다.

"공원으로 산책하러 나가고 싶다"라는 생각이 들면 집안일도 자격증 공부도 일단 접고 공원으로 나갑니다.

매일 소소하게 하고 싶은 일을 이뤄나가면 마음이 충전됩니다.

또 소소하나마 하고 싶은 걸 이루면 '자신에게 좋은 것'을 선택하는 감각이 생깁니다. 세상의 목소리나 주변 사람들의 생각에 휩쓸리지 않고 자기만의 좋고 싫은 감각이 분명해지는 것입니다.

전직이나 인간관계와 관련된 큰 결단을 내릴 때는 '난 어떻게 살고 싶은가'라는 자신의 삶의 철학이 그 토대가 되어야 합니다. 일상에서 기쁨·즐거움·안도감을 느끼게 되면 '나는 이렇게 하고 싶다', '이렇게 살고 싶다'는 마음의 중심축이 생기고 이를 통해 중요한 결단을 내릴 수 있게 됩니다.

자신이 하고 싶은 것을 이루고 싶을 때는 작은 것부터 하나씩 이뤄나가면 됩니다.

좋아하는 머그잔에 차를 타서 여유롭게 마시거나 공원에서 꽃을 마음껏 바라보고 그림을 그리는 등 작은 것부터 이뤄나가기 바랍니다.

본심을 파악하고 활력을 되찾는다

잔업이 많고 적성에 맞지 않는 일이 중심이었던 직장에서 퇴직했다, 다음에는 어떤 일을 하면 좋겠느냐는 것이 K 씨의 상담 내용이었습니다.

하고 싶은 일이 있지만 그 일은 정규직이 아니어서 주변 사람들이 "장래를 생각해", "돈 문제가……"라고들 말리는 통에 고민이 많습니다. 푹 쉬고 싶어도 주변에서 "어서 전직해야지"라고 해서 맘 편히 쉴 수도 없습니다. 주변의 의견에 완전히 휘둘리는 상태였습니다. 그러다 보니 미래가 나아질 거라 생각하지 못하고 틀림없이 앞으로도 힘든 매일이 기다리고 있을 거라고 걱정했다고 합니다.

그러던 K 씨가 활력을 되찾게 된 것은 자신의 본심과 마주하고 나서부터였습니다. 정말로 어떤 일을 하고 싶은 것일까? 조금씩 마음을 털어놓는 사이에 '나는 지금의 행복이 중요해!'라는 본심이 떠오르게 되었습니다. 장래를 위해 하기 싫은 데도 참으면서 일하기보다 하고 싶은 일을 하면서 살고 싶다. 설령 그 일이 정규직이 아니더라도 말이다. 당장은 원하는 직장을 찾을 수 없겠지만 느긋하게 쉬면서 좋아하는 일을 찾아봐야지.

'지금의 행복이 중요'하다는 본심을 깨달았을 때, K 씨는 자신을 향해 또 다른 자신이 "기쁘다, 이제야 겨우 알아차렸구나!"라고 말해주는 느낌을 받았다고 합니다.

본심을 깨달은 K 씨는 활력을 되찾았습니다. 미술관에 가고 실컷 자고 친구에게 편지를 썼습니다. 하고 싶은 일이 잔뜩 생겨서 하루하루를 즐겁게 보낼 수 있게 되었다고 합니다. 가족들도 "얼굴이 몰라보게 밝아졌어. 완전히 딴 사람 같아. 다행이야!" 하고 기뻐해 주었다고 합니다.

K 씨는 '지금 이대로도 괜찮구나'라고 하는 뭐라 말할 수 없는 안도감을 느끼고 마음 편하게 지낼 수 있게 되었다고 합니다. 그리고 "기운을 좀 차리고 나면 다양한 일을 해보고 싶어요. 관심 있는 일이 정규직이든 아니든 연연해하지 않고 다양한 일에 도전해보고 싶어요"라고 설레는 표정으로 말했습니다.

맺음말

섬세한 사람들은 있는 그대로의 모습으로 살아갈 때, 활력이 넘치게 됩니다.

섬세한 이들을 600명 넘게 상담하면서 내린 결론입니다.

있는 그대로의 모습으로 산다는 것은 섬세함까지 포함하여 자신을 긍정할 뿐만 아니라 '기쁘고', '즐겁고', '편안하고', '설레는' 감정이 생기는지 아닌지를 기준으로 사람과 장소, 물건을 선택한다는 뜻입니다.

세상의 목소리, 주변 사람의 목소리와 자신의 본심을 구분하고 본심에 따라 행동합니다. 하고 싶은 게 있어도 꾹 참던 과거를 버리고 본심을 소중히 하면, 하고 싶은 것·좋아하는 것이 명확해지면서 자신의 중심이 단단해집니다.

더 이상 참지 않고 하고 싶은 걸 하면서 자신을 꽉 채우면 따뜻한 마음과 에너지가 불끈 솟아납니다. 그러면 과도하게 배려하지 않아도 아주 자연스럽게 주변 사람에게 친절하게 되고 좋은 인간관계를 맺을 수 있습니다.

'있는 그대로의 모습으로 살아가도 괜찮다'고 안심하게 되면, 앞으로의 인생을 기대하면서 하고 싶은 일을 하는 활력 있는 인생을 살아갈 수 있을 것입니다.

마지막으로 섬세한 사람들에게

다정하고 속이 깊다.

여러 가지 것들을 알아차리고 생각할 수 있다.

저는 그런 섬세한 사람이 참 좋습니다.

일과 인간관계에 관하여 섬세한 사람과 대화를 나누다 보면 내면에 깊이 잠겨있는 자신과 진지하게 마주하게 됩니다. 설령 고민을 털어놓을 때도 섬세한 사람과 얘기를 나누면 마음속 깊은 곳에서 따뜻한 기운이 올라옵니다.

원고를 쓰면서도 많은 사람들이 섬세한 사람을 응원하고 따스한 눈길로 바라보고 있구나, 하고 새삼 느꼈습니다.

직장에서 힘들다고 고민을 털어놓으면 자기 일처럼 나서주는 사람, 하고 싶은 일을 하라고 응원해주는 사람 등등. 섬세한 사람이건 아니건 간에 섬세한 사람 주변에는 따뜻하게 지켜봐주는 사람이 아주 많습니다. 본문의 일화에 등장하는 섬세한 사람들 또한 책이 출간된다는 소식을 듣고 "저처럼 고민하는 분들에게 힘이 되면 좋겠어요"라고 말해주었습니다.

섬세한 사람은 이 세상에 많습니다.

응원해주는 사람 또한 많습니다.

이 책을 읽은 섬세한 사람들이 자신의 본심을 소중히 여기고 한 발짝이든 두 발짝이든 앞으로 내디딜 수 있다면 진심으로 기쁠 것입니다.

'섬세한 사람'이 있는 그대로의 모습으로 웃으며 행복하게 살아가기를 진심으로 바랍니다.

HSP라는 말을 들어본 적이 있는가?

아마도 많은 사람들이 처음 들어봤을 것입니다. 혹은 어디선가 본 적이 있더라도 기억해내지 못하거나. 하지만 막상 HSP의 뜻을 알고 나면 '이거 난데!' 하고 무릎을 칠 사람이 적지 않을 것입니다.

이 책의 머리말에도 나오지만 HSP란 미국의 심리학자 일레인 아론 박사가 제창한 개념으로 Highly Sensitive Person의 약자이며 우리말로 풀면 '너무 민감한 사람', '굉장히 민감한 사람'이란 뜻입니다. 그리고 이 책은 이런 민감한 사람들에 관해 말하는 책입니다. 민감한 사람이란 '세심한 사람'이라고 할 수 있겠지요.

어디선가 본 적이 있습니다. 세심하고 배려심이 많은 사람은 내심 상대방도 그만큼의 행동을 해주기를 바라는 예민한 사람이라고. 그렇습니다, 배려심이란 세심함과 예민함에서 나오는 기술입니다. 하지만 이것은 양날의 검이라서 세심한 사람들은 만사에 촉각을 곤두세우다 보니 같은 일에도 다른 사람보다 더 많은 에너지를 쓰고 금세 지쳐버립니다.

남이 별생각 없이 툭 던진 한마디, 상대의 못마땅한 듯 찌푸린 표정, 희미하게 들리는 생활 소음 등등. 이러한 걸 그냥 넘기지 못하고 신경을 쏟느라 에너지를 쓰는 바람에 정작 필요한 순간에는 100% 에너지를 쏟아붓지 못하는 것입니다. 그럴 때, 그냥 웃어넘기거나 무시하면 좋으련만 세심한 사람은 외려 자신이 거기에 과잉반응을 보이는 것은 아닌가, 거기에 원인을 제공한 것은 아닌가 불안해하며 죄책감마저 느끼게 되는 것이지요.

물론 무시하라, 웃어넘겨라, 말하기는 쉽습니다. 하지만 그걸 하지 못하니 불안증, 신경증에 빠지는 것입니다. 이 책은 그런 세심하고 예민한 사람들을 위해 신경에 거슬리는 것을 억지로 무시하거나 웃어넘기는 대신에 대응하는 방법을 차근차근 설명합니다.

1장에서는 먼저 세심한 사람들이 어떤 성향을 가진 사람들인지를 알려주고 이를 통해, 자신과 같은 사람이 혼자가 아니라는 것, 자기 탓을 할 필요가 없다는 걸 알게 됩니다. 이어서 2장부터는 그림과 구체적 예시를 통해 세심한 사람들이 처하는 상황, 느끼는 감정과 기존의 대응법을 보여주고 그 해결책을 제시합니다.

개인적으로는 '인생에는 도망쳐야 할 때가 있다'라는 말이 인상 깊게 남았습니다. 인간은 저마다 최적의 자극량이 있다고 합니다. 그 중 다정하고 속이 깊은 섬세한 사람은 유독 느끼는 힘이 강하여 사람들과 함께 있으면 그들의 표정, 몸짓, 목소리 톤, 이야기의 내용 등에서 많은 정보를 읽고 쉬이 지쳐버립니다. 다만 지쳐서 더는 견디기 힘들다고 느껴진다면 동료에게 폐를 끼치든, 남은 일의 책임을 누가 지든 전부 내팽개치고 전력을 다해 도망치라고 작가는 말합니다. 얼핏 무책임하게 들리겠지만 누구보다 책임감이 강하고 성실한 세심한 사람이기에 낼 수 있는 조언이라고 생각합니다.

요컨대, 작가는 세심한 성격이란 타고난 성향이니 사소한 일에 에너지를 쓰는 자신을 스스로 탓할 필요도, 비하할 필요도 없다는 말을 하고 싶었던 거겠죠. 외려 세심한 사람에게는 남을 배려하는 장점이 있습니다. 그러니 평소에 사소한 일에 에너지를 덜 쓰는 훈련을 하여 피로를 덜고 자신의 장점을 소중히 여기며 살면 되는 것입니다.

사실, 이 책에서 소개하는 방법들이 세심한 사람들의 고민을 백 퍼센트 해결해주리라고 생각하지는 않습니다. 하지만 책을 읽음으로써 이런 고민을 하는 것은 나만이 아니구나, 사소한 일에 신경 쓰는 건 성향이니 나 자신을 탓하지 않아도 되는구나, 라는 것을 알게 됨으로써 용기와 위로를 얻을 수 있지 않을까요? 그렇다고 한다면 그것만으로도 이 책을 읽을 가치가 충분하다고 생각합니다.

너무 신경 썼더니 지친다

초판 1쇄 2020년 08월 11일
초판 6쇄 2022년 06월 20일

지은이 다케다 유키
옮긴이 전경아
펴낸이 김운태
기획·관리 박정윤
편집 김운태
디자인 심플리 그라픽스

펴낸곳 도서출판 미래지향
출판등록 2011년 11월 18일 제2013-000129호
주소 서울시 마포구 마포대로 53 B동 1603호
전자우편 kimwt@miraejihyang.com
대표전화 02-780-4842
팩스 02-707-2475
홈페이지 www.miraejihyang.com

ISBN 979-11-85851-09-9   03190

이 도서의 국립중앙도서관 출판예정도서목록(CIP)은 서지정보유통지원시스템 홈페이지(http://seoji.nl.go.kr)와 국가자료종합목록 구축시스템(http://kolis-net.nl.go.kr)에서 이용하실 수 있습니다. (CIP제어번호: CIP2020030710)